山棲みの記憶　目次

I　北の山里に生きる

春マタギ……12
木出し山……18
ウサギ狩り……28
下北の釣り名人……49
忍び撃ち……53
粋な山棲み人……57
ある炭焼き夫婦の一日……66
地竹細工の村……73
浄法寺の掻子……81
鍛冶　軽米源光……92

嶽温泉「岩木食堂」……97
十和田湖仙人……103
廃村むかしがたり……113
開拓村　苦闘の人生……124
津軽大川原の火流し……138
半夏生の作占い……152

II　白神の恵みの森

春とともに……166
ある山菜採りの山がたり……179
長慶平開拓集落、雨の一日……200

旋毛虫症発症記 …………… 221
白神山地に生きる …………… 240
金アユの川 240
アイコ採り 245
また、湖底に沈む村 251
林業に生きる 259
アユの友釣り六十年 264
仔グマを育てる 270
母なる川　父なる大地 275
山中のマス道 281
熊の湯温泉 286
自然保護に締め出された人びと 292
あとがき …………… 298

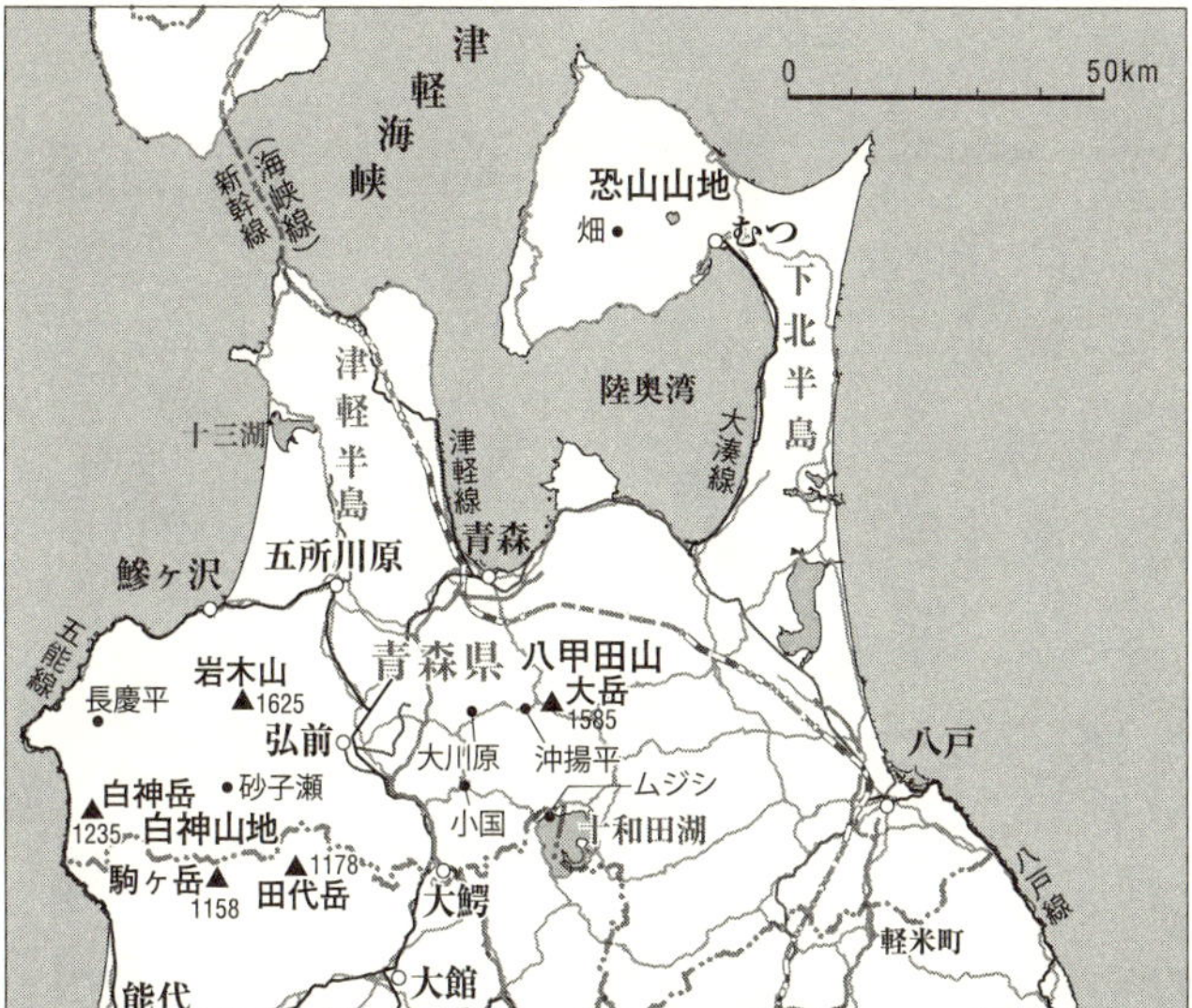

津軽海峡
0
50km
新幹線
(海峡線)
恐山山地
畑
むつ
下北半島
陸奥湾
津軽半島
十三湖
津軽線
大湊線
青森
鰺ヶ沢
五所川原
五能線
青森県
八甲田山
岩木山
1625
長慶平
大岳
1585
弘前
大川原
沖揚平
八戸
白神岳
砂子瀬
ムジシ
1235
白神山地
小国
十和田湖
1178
駒ヶ岳
田代岳
1158
大鰐
八戸線
軽米町
大館
能代
浄法寺町
久慈
七時雨山
2038
森吉山
1454
八幡平
男鹿半島
岩手県
男鹿
秋田県
奥
秋田自動車道
秋田駒ヶ岳
1637
北上高地
出羽山地
羽
秋田
田沢湖
盛岡
宮古
羽越本線
奥羽本線
山
東北自動車道
早池峰山
1917
脈
新幹線
花巻

北東北概念図

白神山地周辺概念図

（）内の山名は津軽地方の呼称。大岳以外は陸地測量部・国土地理院の「点の記」に記載されている

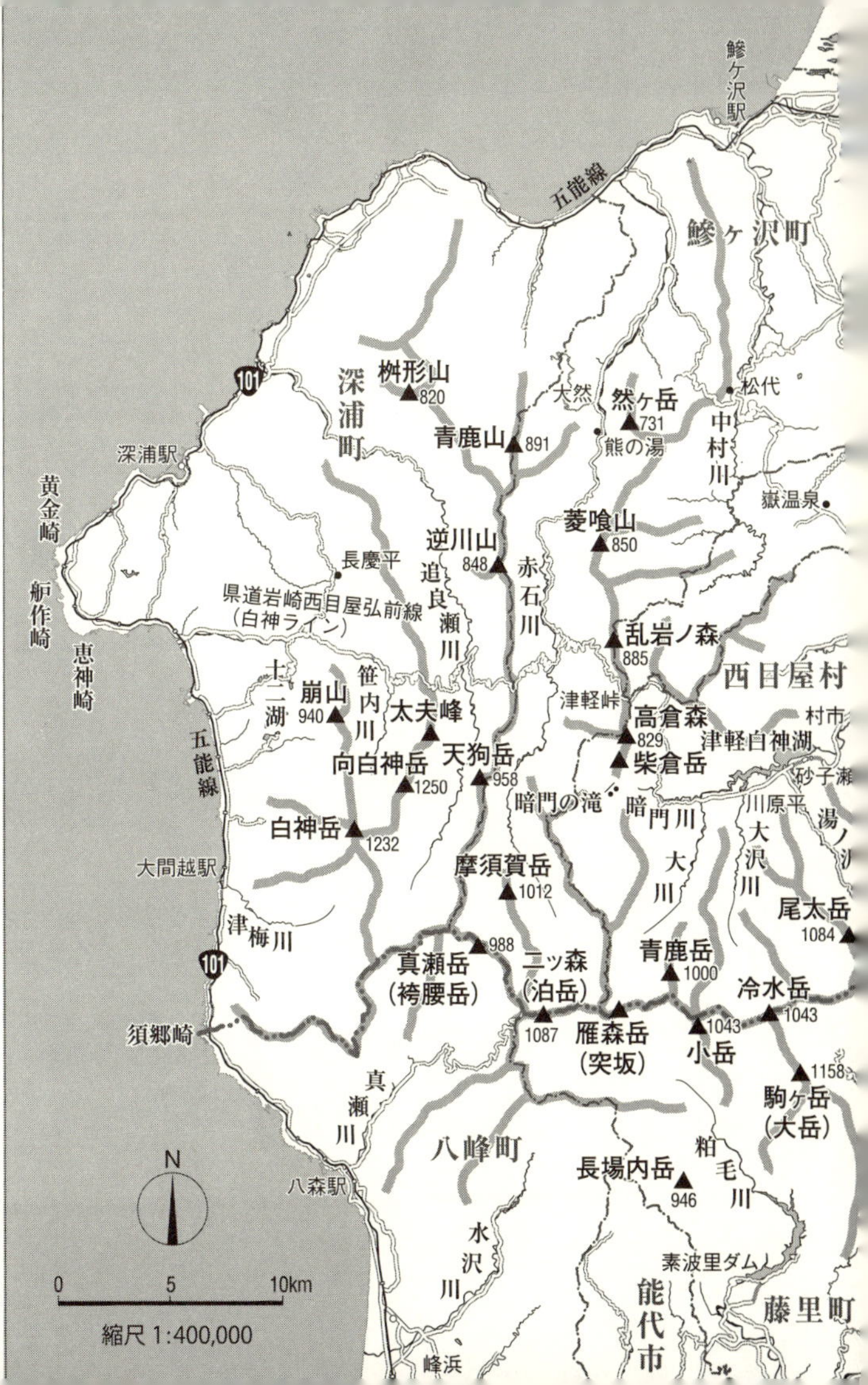

鰺ヶ沢駅
五能線
鰺ヶ沢町
深浦町
桝形山
820
青鹿山
891
大然
然ヶ岳
731
熊の湯
松代
中村川
嶽温泉
深浦駅
黄金崎
艫作崎
恵神崎
逆川山
848
菱喰山
850
長慶平
県道岩崎西目屋弘前線
(白神ライン)
追良瀬川
赤石川
乱岩ノ森
885
西目屋村
十二湖
崩山
940
笹内川
太夫峰
津軽峠
高倉森
829
村市
津軽白神湖
五能線
向白神岳
1250
天狗岳
958
柴倉岳
暗門の滝
暗門川
砂子瀬
川原平
湯ノ沢
白神岳
1232
大川
大沢川
大間越駅
摩須賀岳
1012
尾太岳
1084
津梅川
101
988
真瀬岳
(袴腰岳)
二ッ森
(泊岳)
青鹿岳
1000
冷水岳
1043
須郷崎
1087
雁森岳
(突坂)
小岳
1043
1158
駒ヶ岳
(大岳)
真瀬川
八峰町
長場内岳
946
粕毛川
N
八森駅
水沢川
素波里ダム
0
5
10km
縮尺 1:400,000
能代市
藤里町
峰浜
101

本書は『北の山里に生きる―みちのくの自然と人生』（一九九八年・実業之日本社）『白神山地　恵みの森へ』（一九九五年・JTB　日本交通公社出版事業局）所収の作品から選んだものに、雑誌「ビスターリ」（山と溪谷社）掲載の作品を加え、加筆訂正し再構成したものです。

Ⅰ　北の山里に生きる

春マタギ

白神山地

　五月上旬の白神《しらかみ》山地。山々にかすみが漂い、残雪を戴く遠くの尾根筋では、芽吹きはじめたブナの樹冠が入陽をうけて黄橙色に鈍く光っていた。時々刻々と山々は影絵となり、やがて大気の底に沈む。ひんやりとした肌ざわりの冷気が周囲をつつみ込むころ、「キョッ、キョッ、キョッ、キョッ」と一定のリズムで啼くのはヨタカだ。夏鳥として、はやくも渡来したこの鳥は、南国のたよりを聞かせるかのように啼きつづけている。

　夜、黒々とした尾根に縁取られた谷間の闇空に星が瞬く。夜陰に乗じてトラツグミが啼く。「フィーッ、フィーッ」と、低くものさびしげで澄み切った啼き声は、山の守護神が吹く口笛のようでもある。「キョキョキョキョキョキョ」とせわしく啼きながら闇を飛んでいくのはホトトギスだ。

　焚火で暖をとりつつ大地に身を横たえ、星空を眺めていると、自然との一体感で心が満たされる。登山用語でいうビヴァーク、あるいは簡易露営とでもいうのだろうか。こうした野営をマタギ言葉では「ソグラ」という。夜中、目覚めるたびに火を絶やさぬよう薪をくべる。

空がしらむころ、じつにさまざまな種類の小鳥たちが賑々しくさえずり出す。キビタキ、シジュウカラ、ミソサザイ、センダイムシクイ、オオルリ、コルリ……。すがすがしい雰囲気に溶け込んで、それらのさえずりはまぎれもなく〝春の息吹き〟を表現しているのだった。

付近の二股の川原にカツラの巨木が林立し、谷間を埋め尽くしている。なかには切株更新で、直径数メートルもある株から複数の幹をのばしているのもある。開花期を迎えたそれらのカツラは、枝枝に無数のちいさな花をつけて淡紅色に谷間を染めていた。その二股の、沢に挟まれた尾根の斜面にはタヌキの棲処《すみか》がある。そこは「マミアナ」とむかしからよばれていた。「マミ」といえばアナグマ、タヌキを意味するのは「ムジナ」だが、タヌキもふくめて「マミ」とよぶ地域もある。その「マミアナ」に棲むタヌキは、最近になって周囲のブナ林が伐採されると姿をくらました。

野営地で朝食を済ませたのち、陽あたりのよい残雪の川岸でしゃがみ込んでいると、「ツィーツィー」と啼きながら、白と黒のまだら模様をみせて、川面をなめるかのごとく一直線にヤマセミがよぎった。マタギ（註）は飯盒《はんごう》の残り飯を昼食用としてコダシ（背負い編み袋）に入れ、銃をかついで出発。沢を徒渉し、急峻な雪渓を登って尾根に出た。尾根は残雪にべったりとおおわれ、付近のブナはまだ芽吹き前だった。そのブナの樹冠を、シジュウカラの一群が「ズピーズピーズズピー」とさえずりながら渡ってゆく。下方の谷間からミソサザイの口やかましい女をほうふつさせるような啼き声が響き渡る。

マタギは双眼鏡を取り出し、対岸の斜面にクマの姿を探した。まず肉眼で眺めて、おやっと思った場所を双眼鏡で改めて覗くのだ。昼食後も、さらに山々を跋渉《ばっしょう》してクマを探し求めたが、その姿はどこにもなく足跡を発見することさえできなかった。沢筋の流れのそばの日溜まりで見つけたワサビやウド、コゴミなどの山菜を夕食のおかず用に摘み採り、べつの猟場を目指し、移動する。

陽光は燦然《さんぜん》と輝いていた。爽快な肌ざわりの風が残雪を吹き過ぎる。砕け散った水晶の破片のごとくキラキラと乱反射しながら流れる沢のせせらぎ。逆光にきらめく新緑の樹海。遠くでは昨日同様、重畳たる山々の稜線が、春がすみを透かして墨絵のような景観を見せていた。まどろむ春の陽光の中で、雪山を背景に、キビタキがブナの小枝にとまって羽づくろいをしているのは、さえずり疲れたからだろうか。

芽吹きの季節になるとブナの森は活気横溢し、めくるめくばかりの香気が漂う。野生鳥獣は繁殖期を迎える。残雪の上に散らばったブナのオトシブミが目につくのもこのころだ。

夕方、流れの岸辺の雪解け跡で、密生するネマガリダケをナタで切り払って整地し、野営の仕度に取りかかる。マタギにとって、山ではナタは必携品である。ナタには使い方があって、その切り口を見れば、使った者の年季が一目瞭然だ。

とくに片刃のナタでネマガリダケを切る場合、地面に残る根元の方の切り口が、ナタの「外」面で切断されるようにして使うことが肝要だ。

片刃のナタには「外」面と「内」面がある。「外」面とは刃のついた側で、その逆側が「内」面だ。「外」面で切られた方の断面は、グサグサにひび割れする。つまりこのことは、放置しておいて、かりに他人が踏みつけたとしても、突き刺さったりする危険性がそのぶん少ないということにつながる。逆に、「内」面で切り落とされてできた切断面の場合、竹槍のような役割を果たし、他人を怪我させたりすることにもなりかねない。かりに、的確にナタを使ったとしても、「内」面で切り払われた方のネマガリダケの先端は鋭利で危険である。大量に切った場合は、まとめて焼き捨てることが山での不文律だという。

＊

野営の翌日、マタギはかねてからねらいを定めていた絶好の「ツキ場」（クマの居場所）にむかった。しかし、そこにもクマの姿はなかった。先行者のものとおぼしい四本爪の金かんじき（アイゼン）の跡が雪面に残されてあった。ひと足、遅れをとったのかもしれない。

もはや獲物を撃ちとることは難しいとマタギは判断し、この日、山を下った。谷間に降り立つと、周囲の新緑が夕日に映えてひときわ鮮やかな光彩を放っていた。薄暮の谷間。閃くごとく、ウグイスのさえずりが遠くまで響いた。

（註）マタギという言葉は現在では死語化し、観光の用語になりつつある。かつて、その言葉が生きていた時代、それは狩人を意味する場合のほかに、狩りをする行為をさし示す言葉としても使われていた。

ただし地域差がある。現在でもなおかろうじてマタギの狩猟伝承文化を日常生活にとどめている青森県下北郡畑集落（現むつ市）では、マタギといえば「死送り」の儀式をつかさどる狩人をさす。「死送り」は人間の場合でいえば葬式にあたる。

（一九九〇年「ビスターリ」、『北の山里に生きる』所収）

木出し山

青森県大鰐町

村里で桜やコブシが花を咲かせるころ、山々の樹々はまだ蕾《つぼみ》だった。それでも風の肌触りもやわらかく、心なごむのどかな季節だ。フキノトウがあちこちで顔をのぞかせ、ウグイスが遠くでさえずっていた。

山での伐木の搬出作業を「木出し」というが、馬を使って、むかしながらの木出しを成田長五郎さん（昭和十六〈一九四一〉年生まれ）は続けている。成田さんは青森県大鰐《おおわに》町在住である。高校を卒業して、父からこの仕事を受け継ぎ、三十数年になる。二十三歳で父を亡くした。祖父は馬喰《ばくろう》だった。

父を亡くしたとき、木出しの仕事はやめようと思ったそうだ。

「定時制高校に通っていたんだが、昼は本家のペンキ屋で働いていたから、誘われてペンキ屋になろうかと考えたんだな。でも、やめられなかった。山仕事はつらいけど好きなんだな。馬はしゃべらないだけで、気持ちは人間と変わらない」

成田さんの代になってから現在の馬は五頭目である。十一歳だが、四歳のとき馬力大会で優勝している。

「仕事もできて馬力大会で勝つ馬がいい馬なんだが、なかなかいないな。四頭目の馬はよかった。俺の気持ちをちゃんとわかっていたな。いまの馬は、体が小さくて一回しか勝てなかったよ」

馬力大会は何百キロもの重しを積んだ橇《そり》を馬にひかせる競技である。コースの中間に障害物を築き、いかにはやくそれを乗り越えるかが勝負の分かれ目となる。まさに人馬一体の競技で、津軽地方ではさかんだ。

成田さんはその日、家からさほど遠くない山で、仲間とともに仕事をしていた。チェーンソーで十二尺二、三寸（約三・七メートル）に伐採した杉の丸太材を、「トビ」というひっかけ棒を使って、「バチ」と呼ばれる橇に積み、馬にひかせて運んでいた。残雪のころにくらべると、滑りがわるく、そのぶん馬も疲れるので仕事がはかどらない。馬が一回に搬出する量は冬場の半分以下だという。材の太さや運ぶ距離によって、もちろん本数は異なる。ぬかるみには杉の葉や丸太材をしきつめ、登りにくい坂道には沢水をまき散らし、滑りをよくする。馬は汗をかき、口から泡を出しながら坂道を登った。喉が乾くと舌で口をなめまわすので、そのときは沢水をバケツに汲んで飲ませる。

「山の地形を考えて、木出しの時期を決めるんだ。運びだす距離が長い場合は雪のある季節でないと馬が疲れてしまうし、距離は短くても坂道がいくつもあったりすれば、やっぱり雪道のときの方が効率がいい。夏の暑い日も馬は疲れる。馬と同様、人間も疲れるな」

馬にも個体差があり、何年もの長い間使える馬もいれば、病気で早死にする馬もある。

この日、仕事中に馬の蹄鉄がはずれた。ひと月に一回は交換するのだが、仕事中にはずれることもたまにあるのだ。応急処置として、ナタで馬の爪を削って蹄鉄を打ちなおす。

成田さんの仕事は、主として青森・秋田・岩手の三県にまたがっている。若いころは山梨県にも行ったことがあったという。

山では早朝から仕事を始めるが終わるのもはやくて、日がかげる午後四時ごろには道具をたたみ、馬をトラックにのせて帰宅の途につく。

家に戻ってから馬を洗うのも仕事だ。昔は川につれて行き、洗ったものだった。が、いまはそうもいかない。護岸工事が施され、簡単には川原に降りられないようになっているからだ。水道水で馬の体を洗ってやりながら、成田さんは馬とともに生きてきた半生をしみじみと回顧することがあるという。祖父の代から三代にわたって馬とともに生きてきたのだった。

＊

トラックがはいり込めない場所でも、馬にひかせたバチ橇でなら伐木を運び出すことができる。山肌を損傷しないで済むので、個人の山林所有者から歓迎されている。

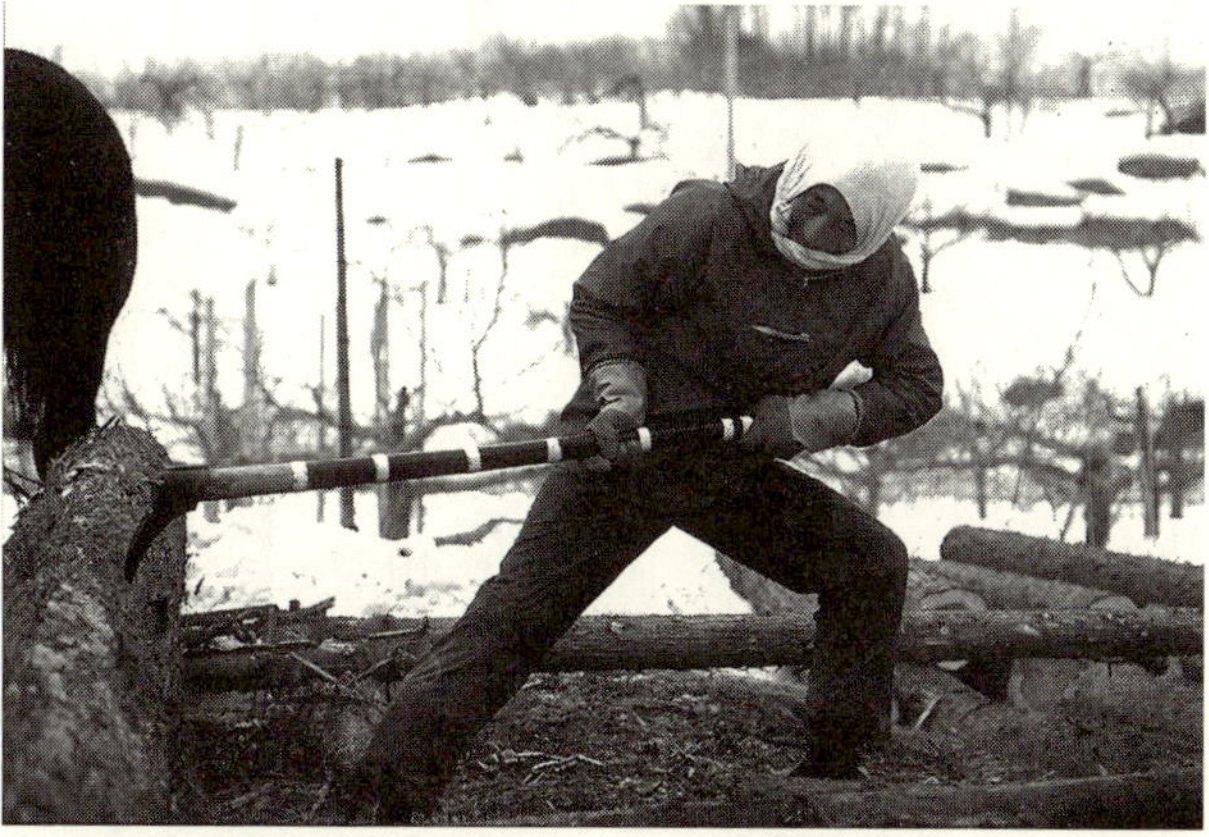

馬にひかせたバチ橇で杉の丸太材をドバ（置場）まで運び、トビをつかって積み上げる。ときおり小雪が舞う浅春、残雪は日ごとに消え失せ、仕事に気合いがこもる。山々に緑が萌える季節を「空気もうまくて、いい季節だな」と待ちこがれていた。

秋田県鷹巣町《たかのす》（現北秋田市）の九島木材株式会社では、成田さんを含めて十人ほどの馬主をかかえ、馬での木出しを専門に取り扱っている。林道を開設し、機械で伐木をひきずりまわして搬出する乱暴なやり方と違って、山の斜面を損傷しないのがなによりの利点である。自然破壊を最小限にとどめた方法といえるだろう。バチ橇に積んで搬出するので、商品としての伐木をも痛めなくて済む。

仕事の依頼主は全部といっていいほど、個人の山林所有者だ。広大な国有林の施業とちがって、小面積の私有林ではそれだけ山を大切に扱っているということなのだろう。国有林施業の伐採現場につきものの殺伐たる破壊的光景はここではみられない。

九島木材会長の九島武雄さん（昭和二〈一九二七〉年生まれ）は盛岡高等農林学校（現岩手大学）を卒業後、父の命令で経営者として家業に就いた。戦後まもない昭和二十三（一九四八）年のことである。当時、有能な山仕事人が数人いたので、みずから現場に行くことはなかったという。現場をまわるようになったのは、それから二十年ちかくたってからだった。

「それまでは学校で勉強した知識だけで実際の知識がなにもなくて……。山をまわっていたころがいまでも目にうかぶなあ」

九島木材が木出しの仕事をするようになったのは戦後である。戦前は、津軽地方のリンゴ農家がつかうリンゴ箱の材料を製材していた。「木どり」といって、松を乾燥させて仕組み板をつくるのだ。ブナなどの広葉樹は、加工・乾燥技術の向上した今日とちがい、重くて狂いやすい欠点があるので材料としては不適だった。

九島さんによると、戦後の経済成長を境にして、木出しの仕事も変化した。時代の変遷に応じて、作業が慌《あわただ》しくなった。チェーンソーが登場し、奥山の偶々にまで林道が開設され、トラックで搬出するようになり、仕事の回転がはやくなったのだ。

むかしであれば、仕事は一年に一回転。夏から秋にかけて木を伐り出し、何カ所かにまとめておき、小正月を過ぎて積雪が安定したころから雪道を馬にひかせて搬出する。ときには、山中に飯場をつくって泊りがけで働くこともあった。

しかし、季節をとわず、奥山からトラックでのべつ幕なしに伐木が搬出されるようになるにつれ、当然のことながら馬での木出しは廃《すた》れた。馬を飼養する農家も減少した。

九島木材だけが旧態依然とした方法を採用しているのは、山林所有者によろこばれるからだった。九島さんは、そのあたりの事情をこう語る。

「山をこわすと、立木を売ってもらえなくなるし、馬で出しているぶんには、安心して山をまかせてもらえるんだな……。できれば、ずうっと馬をつかっていきたいんだが、馬もいなくなって寂しくなった……」

馬での木出しは、杉の民有林がその対象だ。他人の田畑を通行しないと、遠回りになってしまう場所もある。水田を通行しなければならない場所だと、どうしても雪の季節を利用して搬出しなければならない。通行料を支払ってでも利用させてもらえればありがたいが、なかには通行させてもらえないこともある。

「怒鳴り合ったり、喧嘩したりすることなく、地元の人と仲よくしなければならないんだな。それは自分のためでもあるしな。通行させないといっても、親しくなればまたちがってくることもある。通行させない理由もさまざまあるな。知らないよそものには通行させたくない、だとか……」

九島さんは口調もおだやかだが、表情も柔和で、いかにも温厚篤実の士といった印象の老人だ。

*

成田さんをたずねてから三年後、九島木材で木出しをする馬主は二人だけになってい

馬に叱咤怒号する。このツボキャ、なにまだへーッ（この野郎、どうしたんだ）。ツボキャこのぉ。ダーッ！　ダダーッ。よしよし、バイキだ。ちょっとバイキ。

た。暖冬小雪で雪解けがはやい年だった。その日は日曜日で、いつもなら仕事を休むのだが、積雪が消えうせないうちにかたずけようと、成田さんは仕事に出た。成田さんのほかに、もう一人の馬主・長谷川伊久雄さん（昭和十〈一九三五〉年生まれ）も協同で仕事をしていた。長谷川さんも成田さん同様、祖父の代から馬とともに生きてきた。

長谷川さんは鷹巣町在住で、奥さんと二人で仕事をしている。長谷川さんの馬は七歳だ。馬はこのころがさかりなのだという。長谷川さんによると、成田さんは辛抱強くて馬を大切にする。

馬は役にたたなくなると、肉屋に売って食肉にするのだった。数年前にくらべて、売値は半額になっているのに肉の販売値段はかわっていない。

「馬をつかっているやつが馬の肉をくう世の中ではどうしようもないじゃ……」と成田さんは自嘲気味に笑った。

「まぁしかし、生きものをつかっての仕事だから年とってもハリがあるな」と長谷川さん。

馬をつかっての木出しの仕事には、もはや後継者はいない。それに、むかしほどには儲からないという。

寒々として暗い空から断続的に小雪が舞っていた。仕事現場の、杉木立の下方は勾配のゆるやかな斜面で、そこはリンゴ畑になっている。バチ橇に丸太を積み、「ガッチャ」と呼ばれる器具でその丸太をしばりつける。この作業中、馬が静止していないで動きだすと、「ダーッ、ダーッ」と怒号する。止まれ、という意味の隠語だ。戻れが「バイキ」。これは英語のBackの訛音なのだろうか。

バイキ、バイキーッ、ダーッ、ダーッ、バイキーッ。

馬は暴れることもなく、この隠語にすなおにしたがう。

ダーッ、ダーッ、バイキ、バイキーッ。

人気のない村里はなれた山中に、二人の馬主の怒号がひびきわたっていた。

（一九九五年「ビスターリ」、『北の山里に生きる』所収）

ウサギ狩り

青森県下北半島

さいはてのマタギ里で知られる青森県下北郡川内町畑《はた》集落（現むつ市）では、恒例のウサギ狩りがこの冬（一九九〇年）も行われた。畑地区猟友会（川野清美会長）主催のこのウサギ狩りは、豪雪に閉ざされた冬の生活のなかで、男たちにとっては数少ない娯楽行事のひとつである。午前八時、集合場所のマルハタ購買部前に、散弾銃をかついで腰に弾帯をつけた男たちが輪かんじきを手に手に集まってくる。

伝承マタギであれ、たんなる鉄砲撃ちであれ、畑地区猟友会の全体行事だから会員の全員参加が望ましい。しかし個人の都合が許さず参加できない者もいる。会則では、不参加者は罰金を払わなければならない。だから、よほどのことがなければ参加する。

今回は十四人が参加した。車で猟場にむかう。畑集落から川沿いに十二キロ上流へ行くと野平という地区がある。二十数戸からなる集落だが、住民は冬期間は海岸沿いに暮らし、夏になると戻ってきて牧場を営む。

冬、起伏台地の広々とした牧野は白一色に塗り潰されていた。ときおり雪煙を巻き上げて寒風が吹き抜ける。山々に取り囲まれた牧野の際に、伐り残された森が点在する。

畑という集落名は俗称である。正式には家ノ辺（やのべ）という。南部藩の御用マタギの里だった。集落の背後の山は高倉山で、畑のシンボル的な存在。春の雪形を出猟の目安にしていたし、ゼンマイ採取の場所でもある。

そこが猟場だ。付近の雪面には、点々とウサギの足跡が残っていた。ウサギは寝場所を決めるとき、「止め跡」といって、二、三メートル横飛びして足跡をくらましたり逆戻りしたりして、天敵からの追撃をかわす。何回も止め跡が現れるとテンだとかキツネ、タヌキ、あるいは猟犬などは足跡を見失ってしまうのだ。

だが、それも相手が人間では無理である。森を包囲し、「追い子」役が大声を出しつづけてウサギを追い立てながら包囲網を狭めてゆく。ウサギは逃げまどい、しまいには逃げ場を失って、雪の中にもぐり込んで身を隠したりする。そこを鉄砲で仕留められてしまう。

これが巻き狩りと呼ばれる狩猟方法である。集団によるこうした巻き狩りは、どことなく田植え作業を連想させ、農民くさい。元来、畑には巻き狩りは存在しなかった。畑に伝承される猟法は集団によるものではなく、個人による「しのび撃ち」（註1）だった。畑はマタギ里といっても、その文化は一人マタギの系譜に属するものである。ウサギの巻き狩りが行われるのは、それが猟友会という集団の娯楽行事にふさわしい猟法だからである。ウサギは射獲したとき毛皮をはがし、臓物は野生鳥獣の餌として山に捨てる。

この日、午後三時ごろまでかかって九羽のウサギを仕留めた。日没の頃から、大山祇《おおやまづみ》神社のわきにある畑公民館でウサギ汁を肴に酒宴が開かれる。持ち帰ったウサギを料理するのは、狩猟を引退した古老たちの仕事だ。頭と四肢を切断し、骨がついたままぶつ切りにする。それを油で炒めてから、大根葉とともに塩で下味をつけて大鍋で煮込む。このあとアクをとり除き、味噌で味付けし、長ネギをぶち込むと出来上がる。

畑のウサギ料理には三種類あって、それぞれ野菜の種類が違う。大根葉のかわりにジャガイモ、ほかに短冊に切った大根を使う場合がある。味つけに使用する味噌は「玉味噌」と呼ばれる自家製にかぎられる。市販の味噌は彼らの口に合わないのである。実際、香ばしく、なめてみるとうま味がわかる。出稼ぎなどで畑を離れた者にとって、もっともなつかしい「ふるさとの味」は、生まれたときからなじんできた玉味噌である。

その玉味噌で味付けされたウサギ汁には、大衆消費社会になれてきたわたしたちの家庭や、街のレストランで食べる料理などではとても味わえない、豊かな風味がある。わたしは昨年（一九八九年）の冬から畑を訪れるようになって以来、ウサギ料理を六回、クマ料理を二回、これまでにごちそうになったが、おいしさは強烈だった。野趣あふれるその味は、猟をした者にとって格別な思いがこめられているのであり、連綿とつづいてきた狩猟伝承文化の香りといえる。

ウサギ狩りを終えて集落への帰途、群がる雲の割れ目からさし込む淡い陽ざしに、冬木立の山々が照らし出されている光景を眺めた。寒々とした風景だが、それでいてどことなく心なごむのは、山々を照射する太陽光線が、到来する春を予感させるからであろう。その一方で、雲間に広がる青空は、冬の日の短さを反映して薄紅色に染まっていた。

＊

数年ぶりで真冬の畑を訪れた。西山猟師（註2）の末孫、大沢専悦さんのしのび撃ちによるウサギ狩り、そしてクマ狩りに同行して以来のことだった。あのとき、ウサギ狩りでは獲物があったが、クマ狩りは徒労に終わった。獲物がなく、その日の猟が無駄骨折りになることを、畑では「ツミつくり」と表現する。

この数年の間にも畑は変貌していた。伝承マタギ名人の古老・岩崎藤三郎さんは逝去し、マルハタ購買部の総代も、工藤一自さんから工藤祥子さんに引き継がれていた。集落戸数も五十四戸から四十九戸に減少し、小学校の生徒は、いまでは五人にすぎない。過疎化は、周辺地域の自然破壊による荒廃と軌を一にするかのように、とりかえしのつかないほど進行していた。山が破壊され、川が破壊されては、それらの自然に依存する山村がどうして存続できようか。海に依存する漁村もまた同様であろう。狩猟の集落は自然の荒廃とともに滅びつつある。

「ことしは例年の半分以下だのお、雪が少なくて」と、マルハタ購買部をたずねた私に工藤祥子さんが言う。夫は共産党の町会議員で、祥子さんは仕事のかたわら、党員として機関誌「赤旗」を配達している。勤務時間は午前七時半から午後六時までだ。仕事内容は事務・販売だけでなく、みずからタンクローリーを運転し、山中の飯場まで燃料を配達に行く。集落の若い娘さんが事務・販売の補佐役として勤めているのだが、その娘さんも春になったら、四十キロほど離れたむつ市へ出て行くのだという。

「他人の人生を左右するわけにもいかないし。なかなか、若い者の働き手がいなくてのお」

祥子さんにも二人の娘さんがいる。姉は青森市に出て看護学校へ、妹は今春卒業だが、むつ市にある祥子さんの実家に下宿しながら市内の高校に通学していた。

畑は豪雪地帯である。例年にくらべて積雪が半分以下とはいっても一メートルはゆうに積もっている。降雪のたびに、人びとは玄関先の除雪に余念がない。住人のいない空家だけが、屋根や玄関先にうずたかい積雪をみせていた。

「じいちゃんばあちゃんしかいなくてのお、雪かきもたいへんなんだよ。若い人らはみんな出ていってしまうもの」

マルハタ購買部の事務室兼応接室から眺めていると、ゆるやかな起伏でつらなる低い山々にとりかこまれた谷間の西方が遠くまでひらけていて、そのまたむこうの西空の一隅にだけ、午後の陽ざしで薄明るく色づいた空が雲間にのぞいていた。まるで、冬の寒々として暗澹《あんたん》とした空が、そこだけ破れているような印象をうける。それ以外の風景はいったいに、暗影をおびた雪雲にふさがれて、ほの暗く降雪にかすんで模糊としているのだった。

降りしきる雪が樹々の枝につもり、山々の樹林を白く塗りつぶしていた。ときおり吹く風に粉雪をまき散らし、枝から雪が落ちる現象を畑では「スズレかかる」という。

＊

畑は四囲を山々に囲まれている。北方と西方からふたつの川が流れ込み、その合流地点の東側にひらけた丘陵台地に家屋がたち並ぶ。合流した川は南方へくだり、高倉山の東麓をへてむつ湾にそそぐ。

そのむかし、畑はヒバの原生林にとり囲まれていた。現在、畑周辺のみならず、下北の山々は杉の造林地に変えられている。初夏のころ、人びとは花粉症でくしゃみ・鼻づまり・涙目などの症状に悩まされる。

畑ではたいがいの家庭が、冬の間中、薪ストーブで暖をとっている。その薪材としても杉は火力が弱く、悪評である。いちばんいいのは雑木で、つぎがカラマツだとか。

ヒバの原生林がうっそうとしていた当時、畑の人びとは狩猟と舟づくりを生業にしていた。明治時代、津軽地方から炭焼きが移住してきた。津軽の人びとにくらべて筋骨隆々とした「六尺男」が畑にはざらにいたという。

岩崎菊之助さんは東山猟師のマタギの家系に育ったが、孫爺（祖父）・佐市の宣告にしたがい、マタギとしての後継者にはならなかった。このことを彼は悔やんでいた。

わたしは過去に二度、菊之助さんのウサギ狩りに同行したことがある。菊之助さんはウサギを射獲した経験はあってもクマは一度もなかった。十九歳のとき一度だけ、とり逃がしたことがあった。

畑では、たとえクマを射獲した経験が豊富な狩人でもマタギとは認められないのである。厳密には、一子相伝といわれるクマの「死送り」の儀式をつかさどる狩人だけがマタギとして認められている。

菊之助さんの孫爺・佐市は左撃ちのマタギだった。舟づくりの作業中に飛び散った木端で右眼をいためて視力を失い、左目しかつかえなくなった。それで、銃のかまえ方が右ききの狩人とは逆なのである。

加えて、佐市は下戸だった。佐市の妻は念仏を唱えるのがうまく、狩人仲間はその念仏をききながら感泣し、酒を酌み交わしたという。

畑では現在も百万遍の仏事がとり行われている。葬儀のあとだとか、風邪がはやったりすると老若男女があつまって車座になり、大きな数珠《じゅず》をまわしながら声をそろえて念仏を唱えるのだ。

＊

きびしい冷込みで耳に痛みをおぼえ、身が引き締まるほどの朝だった。輪かんじきをはき、山の斜面につづくウサギの足跡をたどりながら歩きまわった。雲が切れて陽光がさし込むと、その暖かさで心身がなごむ。ウサギはすでに繁殖期をむかえていた。足跡をみても、そのことがわかるのだ。一羽の雌に複数の雄がつきまとうので、足跡が入り乱れている。

繁殖期にはいるとウサギは撃ちにくい。足跡をたどっても、どこに潜んでいるのか見当がつかなくなるからだ。

通常、一人前の狩人になれば、足跡をたどってウサギの潜む場所をみつける。長年つちかった勘によるのだが、たいがいは樹々の根元の窪地だとか小枝の繁みで身を隠している。ところが両耳が突きでているので、みつけられてしまうのだ。狩人はそれをねらい撃ちする。撃たれた瞬間、ウサギは飛びあがって即死する。

「それにしても、ことしはウサギが少ないなあ」

東山猟師の末孫、岩崎五郎さんがつぶやいた。山中を歩きまわっても、ごくたまにし

東山猟師の家系に育ちながら、祖父の宣告にしたがい、マタギにはならなかった。それでも猟には出る。ウサギやヤマドリは仕留めたが、クマ猟の経験がないのが心残りだ。

クマの死送りは、畑ではもっとも重要な儀式である。祭壇の右側の小皿には胆嚢、左側の小皿には「カクラ焼き」とよばれ、十二刻みをつけて火にあぶった肝臓がはいっている。本来であれば、クマのうなじに「クマ旗」が飾られなければならない。

か足跡がみつからないのだ。

ウサギが少ないのは下北の山々にかぎったことではなかった。きくところでは岩手県や秋田県でも同様にウサギは姿を消していた。年々、進行する自然破壊の悪影響で野生鳥獣が減少するなか、この年とくにウサギが少ないのは、次の理由が考えられる。例年になく豪雪だったこの年の春先、雪解けが遅れ、しかも低温つづきだったことから、産まれてまもない仔ウサギが餓死したのではないか。

「クマの穴でものぞいてみるか。山菜をとりにきたときみつけた穴が、この斜面の上のほうにあるんだ」

五郎さんの言葉にしたがって、沢沿いの斜面をのぼった。しだいに傾斜をまして地勢がけわしくなり、ところどころに岩が露出した斜面の木立に、雪に埋れた穴があった。ナタで切った棒状の枝を「ナガラ」というのだが、その枝をつかって五郎さんは、雪を切り崩し、ふさがれた穴の入口をひろげた。朽ちかけたブナの老木が岩をかかえ込むように、穴の入口に根を張り、雪が中にはいり込まないようになっていた。

五郎さんによると、雪や雨水がはいらないのが理想的なクマ穴である。

対岸の木立をゆるがせて、ゴーと風の咆哮が谷間にとどろく。

クマ穴のそばのブナの幹に、五郎さんが以前ナタで刻んだ木印が残っていた。ナタメ

クマが冬眠に利用する樹木の空洞を「タカス」とよぶ。クマははいっていなかった。
手前の幹に刻まれたナタメは標識で、畑では「木印（こじるし）」とよばれる。

の一種だが「コジルシ」という。猟師各人各様の木印がある。五郎さんの場合はこうだ。

ゴロ／／／

五郎さんの父ですでに亡くなったが、マタギ名人岩崎藤二郎の木印はつぎのようなものである。

∧∧トジロ／／／

木印はクマ穴の付近だとか、沢と沢の境界の尾根に標識として刻まれている。木印の刻まれた樹々のほかに、「山の神の木」とよばれる、とりわけみごとで神聖視された母木も、むかしは山々の方々にあったが、ほとんどが伐採されてしまった。放置された杉の造林地が無残にひろがり、山々の風景を殺伐としたものにしていた。森林の荒廃は動植物の生命をうばい、洪水調節・渇水緩和・水質浄化などの機能を破壊するだけでなく、カネに換算できない山里の伝統的な無形の文化をも廃滅させている。

「……山があわれでならない」と五郎さんは語る。擬人化した、こうした言い方をするのは、山と一体化しているからで、山の文化の伝承者であり体現者であるからにほかならない。物心両面から破壊された思いの痛恨のきわみを意味しないだろうか。

「山が明るくなってしまったんだ。むかしのような山は全然なくなってしまった。むかしは、ヒバにおおいつくされて陽もさし込まないほどだったよ。マタギ（狩猟）していても日焼けもしなかった。木が伐られてしまい……、雪もすくなくなったな。むかしは一日で二メートルほども降りつもったこともあった。山が明るくなって、ほんとうにあわれだな。でも、むかしからキコリもやっていたし、伐採しなければ暮らしも立たないし……。しかし、山がこわされると歩きたくもなくなるよ」

五郎さんは伐採の仕事をやめて十年ちかくになる。何百年もの命の歳月が流れる巨木を仰ぎみるにつけ、切り倒すことができなくなったのだ。それが、自然破壊に対して、自分にできるせめてもの抵抗なのだという。しかし、そこには葛藤があった。

森林の伐採仕事をやめたあと、道路工事の作業員としてはたらきつづけた。

「奥山にわずかに残されたブナの原生林までもが伐採されて、もはやほとんど山がこわされてしまったんだ。クマもすめなくなったし、林道がのびて、チェーンソーや自動車の音をきいてもクマやカモシカは逃げないんだな。逃げ隠れする場所も残されていないんだ」

「タカス」とよばれる、クマのすむ樹洞のある巨木が伐採され、岩穴や滝までもが爆破

ナゼノ沢のオキビヤといえば、むかしから、クマの冬眠する岩穴として有名だ。その穴をのぞきに行こうと岩場の基部にとりつく。猟犬は主人を見守りながら待機する。

され、残された原生林をめざして網目状に林道は建設されていた。豪雨や雪解け水が地表をながれ、林道はことごとく水路と化し、流出した土砂が沢を埋めたてる。

もはや伐採すべき場所さえも失いつつある所轄青森営林局（現東北森林管理局）では、造林地帯に三十メートル幅で田圃の畔道のように残された保護樹帯までをも切り倒す体たらくだ。そのくせ一方では、自然保護を唱えている。その実態をみすえるならば、これでは狂気の沙汰としか言いようがない。

棲み処を破壊されたクマは山里の畑をくい荒し、ときには人間にまで危害を加えることがある。棲み分けができないほど自然破壊が進行するこの世の中で、クマは危険な害獣として扱われ、罠《わな》で捕獲され射殺されている。他方、大方の自然保護団体はといえば状況判断ができずに追跡調査と称して、何頭かのクマに発信機をつけて喜んでいる有様で鼻持ちならない。

五郎さんは懐中電灯で照らしてクマ穴をのぞき込んだ。クマははいっていなかった。

＊

恒例の畑地区猟友会のウサギ狩りは、この年も集合時刻が午前八時、場所はマルハタ購買部前。今回は参加者十二人。猟が終わりしだい、ただちに酒宴を開始するという川野会長の指示で、猟師を引退した古老たちは、前日大沢専悦さんが撃ち獲った二羽のウ

朝比奈岳のウサギは大型で、胸部に脂肪がのっていて滋味にとむ。いたぞーッ。銃声が鳴り響き、命中した。ウサギは一度跳ねあがって斜面を転がりおちた。

白色のほかに、臙脂色をした毛皮のウサギもいる。「赤ウサギ」とよばれ、わたしも二度食べたことがある。白ウサギにくらべて、味はまずいといわれている。

サギで、料理をつくって待機することになった。専悦さんは年齢もほかの猟師にくらべて若いことから「専ボ」の愛称でよばれ、いまでは畑地区いちばんの腕ききのマタギだ。その専ボさんと、そして流派がちがうが専ボさんの先輩格の五郎さんも今回のウサギ狩りに参加した。

猟場は、畑の集落から十キロほど離れた矢櫃《やびつ》沢支流の濁川だ。それぞれのトラックに六台のスノーモービルをつんで林道入口まで行き、そこから先の除雪されていない林道はスノーモービルに分乗した。

現場につくころには、それまで舞っていた小雪もやみ、雲間にひろがる青空からさし込む陽光が、冬木立の山々を照らし出していた。身仕度をととのえ、目星をつけた沢を包囲し、巻き狩りを開始する。

静まり返る冬山の冷気を、勢子《せこ》にまわった猟師の叫びこえがつんざく。「ハーイ、

ウサギ狩りの休憩時、腹ごしらえをしながら、次の行動の打ち合せをする。輪かんじきは畑の特製であり、材質はクワの木。仕上がるまで二年かかる。

ホーイ、ハーッ」と腹底から大声を発し、銃をもって待ち構える猟師の方向へ沢沿いにウサギを追い込むのだ。「そらーっ、いたぞーお。ハーッ、ホーッ」

ダーン、ダーンと銃声がひびく。ゴジュウカラやエナガの混群がおどろいていっせいにとびたった。

初回の巻き狩りでは獲物がなかった。つぎに移動して、べつの場所で巻き狩りを行う。こうして何箇所かの場所で巻き狩りをした結果、獲物は四羽。不猟だった。

日が傾きかけた午後二時過ぎ、猟を終えた。雲は消えて、青空が大きくひろがっていた。朝方にくらべて雪は湿って粘着性を増し、雪玉が握りやすくなっていた。わたしは素手で雪玉をつくって、青空にむかって放り投げた。風の肌ざわりもやわらかく気分爽快だった。光り輝く雪山のつらなりが春の季節を彷彿させ、甘美でしみじみとしたなつかしさが心裏にこみあげてくる。

酒宴は畑公民館で催された。ウサギの鍋料理の材料は骨つきでブツ切りにしたウサギ肉のほかに大根葉とゴボウ。

乾杯にさきだち、最初にウサギを仕留めた工藤信二郎さんが挨拶した。「猟期の最後のウサギ狩りでしたが、今回の猟が来年の猟にもつながるよう祈願し乾杯」

三十数人の男たちがあつまり、酒宴は盛況をきわめた。めでたい席上で披露する「門《かど》

マタギ名人はひとりでべつの方向へ歩いていった。クマを探しもとめてのことだった。日が傾いたころ、三羽のウサギをザックに入れて戻ってきた。クマはいなかったという。

舞《ま》い歌」が飛びだした。いまでは大沢栄一さん（大正十五〈一九二六〉年生まれ）しかうたい手はいないのだが、侠気あるマタギ里、いかにも畑らしい歌である。

山の神は　育つはいづく
奥山のや　とやまがさきの
さかきばのもと　さかきばのもとやー

この家とは　あたらしい家と
たが申せばや　おりめおりめに
こがね花咲く　こがね花咲くやー
八幡宮は　弓矢の上手は
神なればや　弓矢を入れて
あだなきもの　あだなきものやー

（註1）単独で獲物に忍び寄って撃ち獲ることから、こう呼ばれている。
（註2）畑の伝承マタギにはふたつの流派がある。上マキと下マキ。あるいは前者が工藤マキ、後者が岩崎マキとも呼ばれている。日本の伝承的狩猟の二大流派として東山猟師・西山猟師の系譜があるが、代々、家宝として保存されている巻物によれば、岩崎マキが前者、工藤マキが後者に属す。
　岩崎五郎さんは岩崎マキ、つまり東山猟師の末孫である。そして工藤マキ、すなわち西山猟師の末孫が大沢専悦さんだ。この二人が正真正銘の伝承マタギとして、殺生したクマの魂を成仏させる儀式をつかさどる。クマは山の神の使者とみなされているのであり、流派によって、儀式の内容を若干異にする。畑の伝承マタギについては拙著『山の人生』（中公文庫）に詳述。

（一九九二年「ビスターリ」、『北の山里に生きる』所収）

追記　工藤祥子さんは現在、むつ市の市会議員として活躍している。

下北の釣り名人

青森県下北半島

青森県下北半島の名川、川内川を河口から十三キロ溯ってゆくと、支流湯野川を分かつ二股に畑《はた》という集落がある。ここはかつての南部藩御用マタギの里である。いまも伝承マタギが何人かいる。広々と開けた付近の谷間は「家《や》ノ辺平《べたい》」と呼ばれているが、それは昔、この地に住みついたといわれる家ノ辺という侍の名字が語源である。

じつは畑という地名は通称であり、正式な名称がこの家ノ辺なのだ。だが日常生活において、住所としてたまに郵便物に書き記されることはあっても、それ以外で使われることは稀である。なにもかも畑で間に合う。語り継がれている民話によれば、畑という地名の由来は焼畑農業に関連している。

畑は、山あり川ありで自然環境には恵まれた集落である。そのせいだと思うが、少年少女の頃の身近な遊びとして、村びとたちはイワナ釣りに親しんでいる。大人になると、さすがに女性はやらなくなるが、男連中は退屈しのぎに竿を手に川へ行く者も少なくない。そのうえ釣りの歴史は古く、独特の釣法が伝承されているのである。

大沢誠一さん（明治四十四〈一九一一〉年生まれ）は、そうした伝承的イワナ釣りの名人といわれているる。地元では「大沢のジッチャン」と呼ばれているので、以下それにしたがう。通常、名人といえば、たくさんの数を釣ることがその評価基準とされているようだが、大沢のジッチャンの場合は少々違う。むろんたくさん釣るには釣るが、そのことが名人たる所以《ゆえん》ではない。

大沢のジッチャンが名人といわれているのは「主《ぬし》」を釣りあげることにある。一般的には、見張りイワナというのがいて、主はもちろんのこと数にしてもそんなにたくさんは釣れるものではないらしい。

あるとき、初夏の天気のいい日だったが、私は大沢のジッチャンといっしょにイワナ釣りに行った。ナタを腰につるし、さらに竹製の丸型のビクをつけたいでたちが大沢のジッチャンの年季を物語っていた。

「八十歳を過ぎたら、目が悪くなってのお」

と視力減退を口にしながら、みち糸の先端にハリをむすびつける手つきは確かである。

餌はカジカだ。この日の釣行にそなえて二日前にとって生かしておいたのだった。畑に伝承されている釣法は、このカジカのつけ方が特異である。一尾をそのままつけるのではなくて、ナタで胴体を二分し、頭のついた方は捨てて尻尾のついた部分を使う。しかもそのままハリにとりつけるのと違って、さらに工夫がなされている。

土地の人びとから名人といわれ、独特の釣法でイワナを釣る大沢誠一さん

大沢のジッチャンは私に説明しながら、そのとりつけ方を実演する。まず尻尾のついた胴体の部分を歯でかんで、皮だけ残して中身をしぼり出す。だから、ちょうど背ビレのつけ根部分から切断面にかけては皮だけが残ることになる。そこに息を吹き込んで筒状にふくらませてから、ハリを中に入れてやり、ハリ先を尻尾のつけ根部分の外側にのぞかせる。

こうしてハリ先だけが出て、ほかの部分がすっぽり隠れてしまうようにしたのち、ハリを入れてやった切断面をこんどはみち糸でしばるのである。最後に背ビレと腹ビレを指先でつまんでひろげると、仕掛けはできあがる。それを流れに投じて上流方向へひくのだが、そうすることでその仕掛けが水中で回転し、背ビレと腹ビレがルアーのようにキラキラ輝くのだ。天然ルアーとでも呼んだ方がいいかもしれない。

釣り人の常識的釣法では、たとえば、ドジョウやカジカを餌にした場合でもルアーでも、胴体に相当する部分は回転しないように工夫がこらされているものである。この点からすれば、畑の伝承的釣法は異例といえる。

大沢のジッチャンは巧みな竿さばきで、いとも簡単にイワナを釣りあげていた。イワナが食いついたときに合わせそこねることがほとんどない。確率としては、百尾釣って一回あるかないかだという。天気のいいときはイワナは緑陰にいるものだということを私に教えながら、釣ってみせるのである。

さすがに名人の名に恥じない腕前だった。その日、別れ際、大沢のジッチャンがこういった。「夏にまたおいで。大雨のときは中一日おいて、小雨のときはつぎの日に」。

川の水量が少し増えて、うすく濁っていればイワナ釣りに好条件であることは私も知っている。しかし別れ際に、そのようなことが言葉になるあたりが、いかにも名人らしいように私には思われた。

（一九九一年「ビスターリ」掲載）

忍び撃ち

秋田県峰浜村

クマ狩りの方法として知られているのは巻き狩りである。簡単にいえば、集団でクマを包囲し追いつめて射獲する。これに対し、小人数あるいは個人で山々を跋渉し、クマを探し求めて仕留める方法を「忍び撃ち」と呼ぶ。

巻き狩りも忍び撃ちも春の季節に行われることが多い。堅雪に覆われた山々は歩きやすく、ブナ木立も葉が落ちていて明るく見透しが利くので、春はクマ狩りがしやすいのだ。あわせて、夏至に向かって日も長くなりつつある。狩猟者にとっては、こうした自然条件が春のクマ狩りの最大の利点といえる。狩猟者たちの間では春のクマを「春グマ」と呼ぶ。

他方、春グマに対して秋のクマは「秋グマ」である。秋グマ狩りは晩秋から新雪の頃にかけて行われる。ブナやミズキ、クロモジ、ミズナラなどの実を食べて腹を満たしたクマが冬ごもりするまでの期間が猟期である。中には例外的に、穴にこもっているクマを狩猟する地域もある。しかし一般的には、雪が深くなると、狩猟者はクマを探し求めて山々を歩き回るのが困難になるので、冬場にはクマ狩りは行わない。

また秋グマ狩りと春グマ狩りとでは前者が断然難しいといわれる。その理由は、山々のブナ木立には低木層が繁茂していて春に比べると見透しが悪く、クマを見つけにくいのである。しかも歩きづらい。さらに獲物としてみると、秋グマよりも春グマの方が毛皮が立派なので高価で売りさばけるのだ。熊の肝《い》も春グマの方が大きくて重い。この点、狩猟者からすれば秋グマは「労多くして功少し」である。このため、春グマ狩りには行っても秋グマ狩りはやらない狩猟者がほとんどだ。秋グマ狩りの方法は、その自然条件からしてもっぱら忍び撃ちである。

秋田県峰浜村（現八峰《はっぽう》町）の塚本清さん（昭和九〈一九三四〉年生まれ）は忍び撃ちの名人である。これまでのクマの射獲数二百三十数頭。春グマであれ秋グマであれ獲りつづけてきた。腕がよすぎるので他の狩猟者から嫉みを買うこともあるほどだ。

峰浜村は、昭和三十（一九五五）年、当時の沢目村と塙川《はなわかわ》村とが合併してできた村である。文字どおり、村内には山の峰々から海の浜辺までがあり、白神山地に源を発する水沢川が貫流して日本海に注入する。

塚本さんの家は、先祖代々、その水沢川の最奥の集落「大平」にあった。ただし現在は下流域に移転。塚本さんの父親はクマ撃ちは上手でなかったが、祖父は腕利きのマタギだった。塚本さんは二十五歳の春、薪出しに来ていた阿仁《あに》マタギに山へ連れていって

白神山地。秋深まるにつれ、落葉したブナの灰白色の樹肌が目立つようになる。

もらい、そのとき雄グマを撃ち獲ったのがクマ撃ち人生の始まりだ。以後約三十年間で、多いときには一シーズン二十数頭も射獲したことがある。昨年は春グマを一週間で五頭獲った。だがしかし、秋グマは一頭も獲ることができなかったのである。

この年、白神山地に森林生態系保護地域が設定されたことに関連して秋田営林局二ツ井営林署は粕毛《かすげ》川源流地帯を立ち入り禁止区域にした。わずかに残された立ち入り禁止区域外の猟場を歩き回ったが、クマの姿はなかった。

その日、冬枯れのブナ木立の山々には、一週間ほど前に降った雪が斑模様に残っていた。ライフル銃を背負った塚本さんは、ときどき立ち止まって双眼鏡を覗き込みながらクマを探し求めた。弱々しい初冬の陽光が、薄くひろがる雲を透かして、尾根筋のブナ木立を灰白色に照らし出していた。この年はブナが不作であり、クマはミズナラの実を餌にしているはずだった。

塚本さんは山を歩くのがじつに速い。というよりも厳密にいえば、平地にいるときと変わらぬ速度で歩き回るのだ。同時に、クマにかかわるいかなる痕跡をも見逃さない。足跡や糞があれば、それが何日ぐらい前のものなのか見当がつく。幹につけられた爪跡から、それが親子連れによるものかどうかもわかる。雪に残ったクマの足跡を見れば、その行き先さえも予想できるのだ。

クマはどこにもいなかった。尾根を越えて、粕毛川源流地帯に移動したに違いない。長年の経験から、そう判断した塚本さんは、このシーズンのクマ撃ちをいきざよく諦めたのだった。

すでに初冬ともなれば日も短い。午後三時を過ぎると谷間の空がたそがれてくる。静寂のうちに、沢のせせらぎと、混群をなして梢をわたるカラ類の地啼きが聞こえてきた。谷間には、濡れた落ち葉の敷き詰められた一条の山道がつづいている。塚本さんは足音を忍ばせながら、その山道をたどって下山した。終日山を歩き回って秋グマを探し求めたが、その姿を見つけ出すことはできなかった。森林生態系保護地域が設定されたことで塚本さんは猟場を失ったのだ。

（一九九一年「ビスターリ」掲載）

粋な山棲み人

青森県鰺ヶ沢町

津軽地方の秀峰岩木山の西側を中村川が流れている。白神山地の四兵衛森《しへいもり》（六四一メートル）に源を発し、日本海にそそぐこの川の流路延長は約三十六キロ。川に沿って車道（主要地方道弘前・岳・鰺ヶ沢線）がのびている。川沿いの最奥集落が松代《まつだい》である。背後の土倉山（三八一メートル）には天狗がすむと伝えられ、洞穴があった。湧水もあった。村びとたちは太鼓を打ち鳴らして天狗を祀っていたが、それが跡絶えると洞穴は崩落し、湧水も枯渇したという。縄文遺跡がのこっている。

松代は山間のちいさな集落だが、車道沿いに中村川にかかった橋を渡り、その集落からはなれて上流へむかうと一軒だけ人家がある。中村川のたび重なる氾濫による水害で、一九五三（昭和三十八）年に松代から移転したのだった。後年、河川改修工事で水害はなくなった。

当主の坂本正一さん（昭和二〈一九二七〉年生まれ）は、ささやかに農業経営はしているものの、炭焼きや山菜採りを生業とし、冬から春にかけては付近の山へ狩猟に出掛ける。また、今日なお、山の湧水で生活水をまかなっている。うまい水である。坂本さん宅には水道管が設置されていないのだ。

「水道料金がゼロ円なんだ」と坂本さんは笑顔で話す。

日照り続きで、大多数の農家が水不足に悩む頃でも、坂本さんの水田には沢水が涸れることなくそそぎ込んでいる。が、それとてむかしにくらべると、周囲の山林が伐採されて、水量は半分以下に減少している。

坂本さんの庭には湧水を利用してつくられた池がある。ほぼ一定の水温を保ち、冷たいけれど、池は真冬でも決して凍結しない。

現在、池には数尾のイワナが遊泳している。いずれも大型で、一番大きな雄イワナの体長は七十センチ級だ。もっとたくさんの数のイワナがいたのだが、冬になるとイタチに襲われ、数が減ってしまった。

その後、坂本さんは池の周囲にトラバサミをかけてイタチ退治にのり出し、イワナを守った。イタチは毎冬、数匹はかかった。それをなめし皮にして襟巻に加工する。

数年前、坂本さんは庭先の小屋で、注文されて三十足ばかりの輪かん（輪かんじき）を製作していたとき火事を出し、燃え移った炎で家を焼失した。それで自分で家を建てなおしたのだが、珍しいことに、エンジュを柱に使用している。自分の山から伐り出したのだった。

坂本さんの所有地は七町歩弱（約二万坪）である。その中には沢が二本流れている。一本は硫黄分が含まれているのでイワナはいないが、もう一本の沢にはイワナが棲んでいる。春先などたまに、そのイワナをねらって釣り人が姿を見せることもある。

仕留めたクマは四十一頭。年もとってきたし、最近はそんなにはいかないな。いちばん大きいのは雄だった。肉だけで二十四貫（九十キロ）、体重の三分の一ほどだった。

わたしが訪ねたのは夏の盆前だった。炭焼き作業が一段落していた。盆が過ぎて涼しくなったら、また開始するという。一俵十五キロ。坂本さんは年間三百俵あまりをつくっている。山菜も、ワラビが主だが、三千キロほど採取する。これまでに射獲したクマ四十一頭。ウサギなら数え切れない。

坂本さんは山棲み人である。むかしはクマも育てていた。今はイワナのほかにアナグマとガチョウがいる。

わたしは坂本さん宅に上がって、とりたてのスモモをごちそうになった。

そのとき坂本さんはこう語った。「この夏は猛暑だから、例年よりも早い時期に、クマが群れをなしてスモモ畑にスモモを食いに来るだろうな」

中村川の上流には、ふるい時代に耕作されたスモモ畑がある。いつの時代なのか、坂本さんも知らない。そこには毎年夏になると、スモモを食いにクマが出没する。クマはスモモの種もガリガリッと音をたてて、噛み砕いてしまう。

ある年の夏だった。仲間と二人で、坂本さんはそのスモモ畑で大グマを撃った。しかし失敗した。クマは半矢（手負い）で逃げた。追いかけたがみつからない。諦めて昼食をとっていると、その手負いグマの断末魔の叫喚が山に響き渡った。これをサズトリ声と呼ぶ。叫喚の大小はクマによって千差万別である。このときのサズトリ声は、坂本さんも、それまで聞いたこともないほど大きなものだった。

結果として、クマはみずからの死に場所を教えたことになる。そこは、坂本さんたちが昼食をとった地点から沢沿いに一キロほどはなれていた。それほど遠くまで響くサズトリ声をその手負いグマは発したのだ。雄グマだったという。

最近、坂本さんは再び喫煙しはじめた。二年前に胃潰瘍で入院して以来、禁煙していたのだった。喫煙のきっかけは、秋グマを追いもとめていたときミゾレに降られ、焚き火をしようとしたが、タバコを吸わないのでマッチやライターを携行していなかったことにあった。その後、マッチやライターとともにタバコをも持ち歩くようになった。

飲酒は二十数年前、それまでは毎晩五合はかかさなかったのだが、それが原因で病気になってからというもの、禁酒がつづいている。

「あのころ、山菜をとって家さ戻れば、台所さ行って、冷やでコップさ一杯、まずは飲んだものだ」

と坂本さんは顔をほころばせて語った。

「ずいぶん飲んだな……。酒を飲んで三味線ひいて……、歌をうたったな」

微醺をおびて三味線をひき、津軽民謡でもうたっていたのだろうか。古代からの伝承として歌は生活とともにあった。坂本さんの端正な顔だちからすれば、連想するその姿は実に粋である。

＊

坂本さんが七十歳をむかえた年、わたしはワラビ採りに同行した。六十六歳になる坂本さんの奥さんも一緒だった。わたしは運転免許も、もちろん自家用車もないので岩木山の麓の終点まで、早朝、バスで行った。坂本さんが終点にトラックでむかえにきてくれた。

周辺の里山ではヤマボウシやミズキ、ニセアカシヤが白い花をつけ、樹々の葉が若緑から濃緑にかわる季節だった。カッコウやウグイスが啼き、田植えの済んだ水田では一面に早苗の浅緑がひろがっていた。

「二、三日前から気温も高くなって、苗がもちなおしたよ」

と運転しながら坂本さんが言う。冷温つづきで発育がわるく、それまで苗は赤味がかっていたのだった。

岩木山の西麓にまわり込むようにしてはしると、朝の逆光に岩木山がかすんでみえた。

「今日は暑くなりそうだな」

と坂本さん。

道が下り坂になって、中村川の岸辺にある坂本さん宅にむかう付近で、山麓に杉の造林地がひろがる。手入れがなされていないので国有林かとおもったら民有林だという。むかし、各家庭で労働力としてウマを飼育していたころ、一帯は採草地だった。

「杉はやすいし、手入れをするほどの人手もないし、みんな放置しているんだな……。若いものも少なくなったしな」

山村は衰微し、里山に手入れをする者もいなくなり、自然環境は荒廃していく。

この年、岩木山でハンターが手負いグマに襲われて死亡するという事故があった。死んだものとおもって不用意に接近したところ、突然クマは立ちあがって襲いかかったのだ。

坂本さんがいうには、死んだとおもって近づくのは危険なのだ。死んだクマは手をひらくので、そのことを確認する必要がある。

「サズトリ声をあげて目をおとすと手がひらくんだな」

と坂本さんは説明した。

坂本さん宅でひと息いれ、奥さんをのせてワラビ採りに出発した。中村川上流の、かつての炭焼きの跡地がワラビの採集地だ。炭焼きの跡地に最高品質のワラビが生えるという。太くて丈のたかい、黒々とした、水分が多くてやわらかく、食べるとき口中にふくむとぬめぬめするワラビが良質とされている。出はじめの時期に、そうしたワラビが採れるのだ。それが季節の推移につれ、しだいにやせ細って硬質になる。

坂本さんによると、ブナ林を切りひらいて、あちこちで炭焼きしていた当時、良質のワラビが容易にたくさん採れた。坂本さんの奥さんは子供を背負いながら採ったこともあった。

「炭を焼いた跡にはワラビがガッパド（たくさん）あって、婦人たちははしって先を競って採ったもんだ」

奥さんはこう言い放って、なかば照れながら笑った。

坂本さんは奥さんと二人で、毎日、何カ所かの炭焼き跡地をまわって歩きながらワラビを採る。日に六十キロずつ採るのである。むかしはよかったが、最近は山が手入れされなくなったので、ワラビも生えなくなってきているそうだ。

わたしたちが着いた、かつての炭焼き跡地には杉が植林されてあったが、むかしほどではないにせよ、太くて丈のたかい、黒々としたワラビが生えていた。それでも雑草が繁茂し、ワラビは年々少なくなっていると坂本さんは語る。

「ここいらで小屋掛けして炭を焼いたもんだ。冬はかんじきをつけて、背負子で四、五俵は背負って歩いた。途中にまとめて置く小屋をつくっておいて、そこからはウマで運ぶんだな。午前に一回、午後に一回、小屋まで運ぶんだな」

そう言いながら、ワラビ採りの身仕度をした。ワラビ採りにかぎらず、ここいらの山ではナタは必携である。軍手をはき、コダシ（編み袋）を肩から掛け、ワラビを摘み採るときシャツの袖がめくれ上がらないように「腕抜き」をつけた。

付近ではタニウツギが薄桃色の花を咲かせていた。樹々の梢でゴジュウカラがさえずり合っている。陽がさし当たるとエゾハルゼミが啼き出す。

草むらに踏み込んでワラビを採りながら、

「ずいぶん気をつけて採るんだが、うしろを振り返ると、採ったはずなのに、また目につくんだな」

と坂本さんは笑った。女のほうが入念に採るからたくさん採るという。

肩から下げたコダシに一杯で約十キロ。またたくまに一杯になった。

こうして夫婦はワラビ採りで日中を過ごした。それが終わって、わたしは岩木山麓の嶽《だけ》温泉まで送ってもらった。別れ際、笑顔で坂本さんが言った。「秋には必ず、また来いじゃ。クマ獲りに行ぐべ」

そういえばこの冬、クマではないが、坂本さんが射獲したウサギをもらいうけて、わたしは家で料理して食べたのだった。

（一九九四年「ビスターリ」、『北の山里に生きる』所収）

ある炭焼き夫婦の一日

青森県平賀町

炭焼き生活三十余年。青森県南津軽郡平賀町（現平川市）小国《おぐに》在住の比内さん夫婦は、この日も山の炭焼き小屋へ出かけた。自宅から十数分の、浅瀬石《あせいし》川沿いに十和田湖へ通じる国道一〇二号線の道端に車を止めて歩き出す。杉林の斜面にジグザグにつくられた道を三十分も登ると、ビニールシートを張りめぐらしてできた小屋に着く。周辺の斜面にはミズナラやコナラの雑木林が広がっている。

小屋は前年秋に建てたもので、窯《かま》を含めてひと月ほどかかった。それまでは別の山で製炭していたけれど、切り尽くして原木がなくなったのでここに移ってきたのだ。比内さんは、雑木林の広さから、たぶん三、四年はここで製炭できるだろうと判断している。

比内さんの住む小国は七十六世帯三百二十三人（平成元〈一九八九〉年六月現在）で、浅瀬石川支流の小国川沿いに開けた山村集落だ。出稼ぎが盛んである。かつて住民のほとんどは炭焼きを生業としていたが、いまでは比内さん夫婦を含めて二軒しかない。

日本の木炭生産量は、戦後の経済成長以降、減産しつづけた。家庭燃料の変革や、林野行政の拡大造林による森林の荒廃が原因である。同時に、山村の過疎化も進行した。

木炭には黒炭と白炭があり、前者を製炭する窯が黒窯、後者の窯が白窯だ。比内さんの窯は黒窯で幅八尺・奥行き十二尺・高さ四尺五寸（一尺は三十・三〇三センチ）。

窯をつくるには年季がいる。まず、適当な山の斜面を切り崩してつくった平坦地に、周壁に相当する部分をかたどりながら楕円状に幅一尺、深さ三尺ほど形のカマの溝を掘削する。できあがった溝に土を運び入れ、木鎚でたたいて固めて周壁をつくるのだが、これを「ド」（胴）をつくるという。

「おもいっきり、力をこめてぶったたくんだ。たたいてたたいて水がにじみ出てきて、土がどろどろになるほどたたくんだな。まぁ、くたびれるよ」

適当な土を探すのに苦労するそうだ。付近になければ、遠くからでも運んでくる。

――どんな土がいいんだべか。

「うむ、なんともいえないな。勘だな、勘でわかるんだよ。粘土はまいね（よくない）」

水はつかわない。粘土質の土だと、できあがったのち、使用中にひび割れしたり崩落したりして長もちしないのだとか。ひび割れすると、カマに空気がはいり込み、火が消えなくて火事の原因になることもある。

「ド」、つまり周壁ができあがったら、その内部の土を同じ深さで掘り出し、「クド」（煙道）と呼ぶ煙出しの穴を内奥の山の斜面につくり、上からワラをつめて、土が入らないように穴を塞ぐ。このあと、周壁で囲まれた内部に隙間なく原木（タテ木）をたてつめ込み、さらにその上に、天井の形になるようにふくらみをつけて原木（アゲ木）を並べ、ワラや筵《むしろ》で覆って形状を整える。そして天井を、縁の部分から土をたたいて固めながら徐々につくりあげてゆく。

すべてができあがったら入口で火を焚き、薪の投入口と空気の入り口を残して、あとは塞ぐ。これが「初窯」である。窯は天井の中心部から下部の方へ乾燥してゆく。

わたしが最初に訪ねたときから八年後、比内さんは同じ窯で製炭していた。

「いい窯だよ。最高だな。まだ二、三年はつかえるな」と顔をほころばせていた。

比内さんの窯は一回で五十俵ほどの木炭を生産できる。一俵十五キロ。黒窯は白ガマと違って、一回の製炭に最低でも十日ほど日数を要する。つまり十日に一回ほどの割合いで窯を開ければいいというわけだ。白窯は毎日開けなければならない。この点、黒窯は楽だと比内さんは語る。窯を開けるというのは製炭者の表現を借りれば「アゲタテ」、すなわち、できあがった木炭を窯から取り出し、原木を詰め込む作業を意味する。特に白窯の場合は、千度ともいわれる赤々と燃えさかる木炭を炭かき棒でかき出すわけだから、熱くてたまらない、しかし、木炭は白窯の方が良質だ。硬くて火はつきにくいが、つき始めると火力も強く火もちもよい。黒窯でつくられた木炭はその逆である。

原木を切り出す。原木にはたて木とあげ木がある。たて木は横から足で踏みつけながら、隙間ができないように縦に並べてゆく。詰め具合で二俵は出来高がちがう。

原木は木炭になると二寸（約六センチ）は縮む。水分が抜けて、細く短くなるのだ。カマから出し、三分の一ほどの長さにノコギリで切って袋に入れて製品にする。

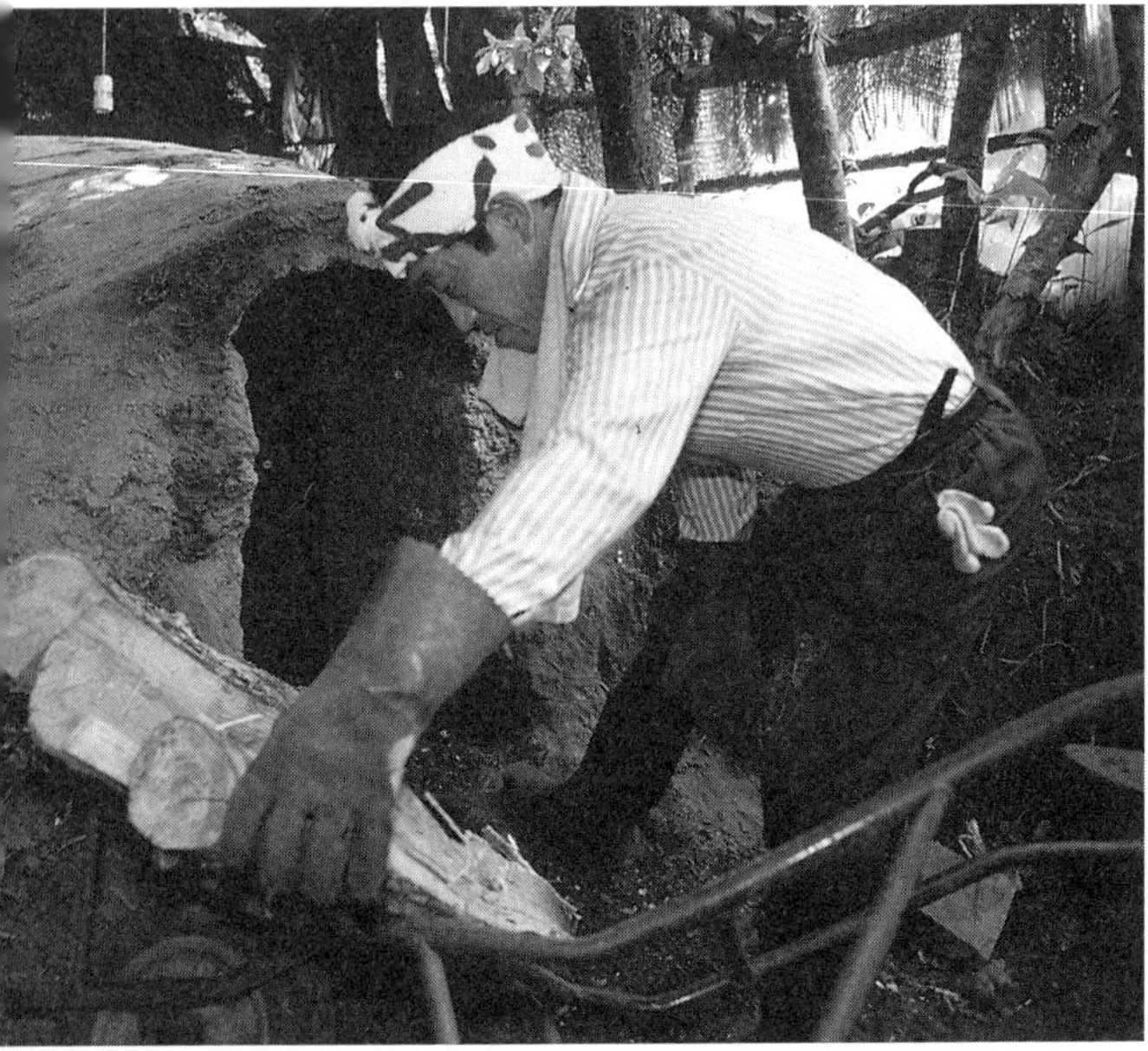

年間五百俵ほど生産する。木炭の粉は農作物や果樹の滋養分となり、りんごのフラン病防止にも効果がある。ふだん木炭の粉を吸っているせいか、おかげで健康だ。

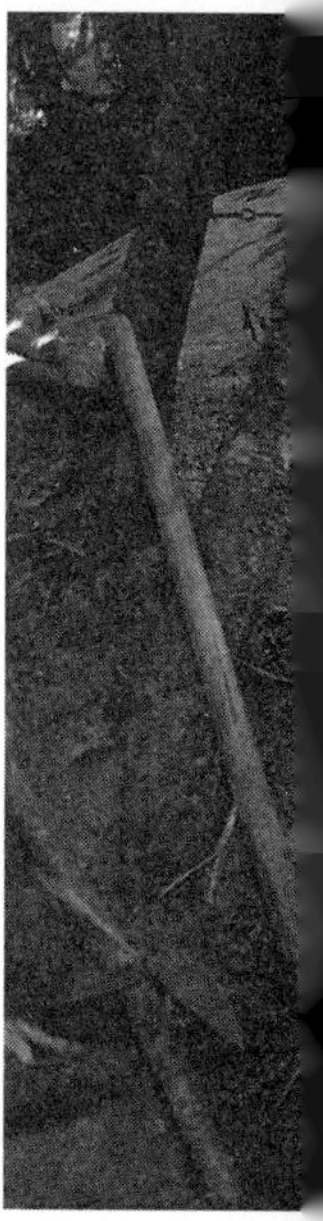

つぎに比内さんの黒窯を例に、その作業工程の概要を紹介する。
初日、「アゲタテ」をしてから窯の入口に火を焚き、内部の原木を蒸す。二日目、一日中蒸す。三日目、窯の後部の煙出しの土管のフタを開け、通気をよくする。そうすることによって、入口で焚かれた火が内部に吸い込まれ、木炭となる原木の上に積まれた「アゲ木」と称する燃料用の雑木に引火する。これを火入れという。四日目、煙出しの土管の穴の大きさをフタで調整し、窯の内部の温度を八十〜九十度にする。五、六日目、自然に内部の温度が上昇する。二百五十度ほどになると煙が青色になってくる。七日目、土管や入口の穴の大きさを調整して窯の内部の通気性をよくし、アゲ木を燃焼させる。内部の温度は三百四十〜三百五十度にも上昇する。こうして通気性をよくしアゲ木を燃焼させることを「アラシを入れる」という。やがて煙が出なくなると、土管や入口の穴を塞ぎ、窯の内部を密閉状態にして火を消す。八日目以降、最低でも四日間は密閉状態を保ち、完全に火が消えて木炭が冷めてから窯を開ける。
以上が作業工程の概要だが、初日の作業が最も重労働で忙しい。わたしが訪ねたこの日の比内さん夫婦の作業は初日にあたっていた。

昼食時、比内さん夫婦は自宅に帰って食事を済ませたのち、ひと眠りしてから再び山に入る。午後からは、郵便配達をしている長男も、休日だったので手伝った。家族三人が山の炭焼き小屋で労働している光景は傍目にはのどかである。だがしかし、労働の量や質を金銭的収入とてんびんに掛ければ割に合うものではない。木炭の値段は安いのだ。しかも需要も少ない。その意味では、時代に逆行し衰滅しつつある職業かもしれない。

交替で、ときには家族いっしょに背をかがめて、木炭を取り出したあとの空の窯の中に入り、三尺ほどの「タテ木（原木）」を奥の方から縦に詰め込む。タテ木は足で踏みつけながら、できるだけきっちり隙間なく並べた方がよい。手抜きして隙間だらけに並べると、木炭ができあがった段階で二、三俵は差がでてくるのだ。

汗だくになって、比内さんの家族は夕暮れ時まで働いた。夏の晴れた日であり、夕陽の光輝が西空に浮ぶ雲の群がりをいちめん唐紅に染めていた。

（一九八九年「ビスターリ」、『北の山里に生きる』所収）

地竹細工の村

青森県岩木町

中津軽郡岩木町（現弘前市）植田集落（現弘前市愛宕）は、岩木山東麓が津軽平野の水田地帯に接する際にある。戸数百三十五戸。愛宕《あたご》山があることから、津軽地方では一般にこの地区は「愛宕」と呼ばれている。いつごろから始まったのか、はっきりしたことはだれも知らないのだが、この愛宕地区では竹細工がさかんである。その由来について『岩木町誌』には次のように書き記されている。

「昔、加賀の国から当地区へ逃亡して来た『金次郎』という人が植田（当時は上田と呼んでいた）に居を定めた。その頃から金次郎宅を人々は『加賀屋』という屋号で呼んでいた。最初の頃は、殿様の御用籠《かご》を造っていた。これが植田における籠造りの元祖で、そのことを真似て造るようになったのが籠造りの歴史である。」

また同誌には、明治十五（一八八二）年に地元民が青森山林事務所へ提出した「地竹払下願」の文書が載っている。その中に、「地竹」伐採に関する鑑札を、寛政七（一七九五）年にすでに津軽藩からもらい受けていたことが記録されている。

他方、慶長十四（一六〇九）年、弘前藩第二代藩主・津軽信枚《のぶひら》が愛宕大権現を遷座せ

しめたとき、警護してきた武士がその製造技術を伝えたともいわれている。

いずれにせよ、約二百年前には竹細工は定着していたといえる。材料は「地竹」、つまり山野に自生するネマガリダケ（チシマザサ）である。

いまはさほどでないが、かつては農閑期になると、各家庭で副業として竹細工の製造販売にあたっていたというから、それに見合うぶんだけ需要もあったのだ。明治四十一年には「無限責任植田竹細工購買販売組合」を設立。昭和三十年代が最盛期で、年間十万個の手カゴが製造販売されたという。手カゴはリンゴの収穫に使われる。全国最大のリンゴ生産地・津軽地方の農家で使う手カゴのほとんどは愛宕の竹細工師の手によるものだった。製品は手カゴの他にもいろいろあり、その数は百種類以上といわれる。ネマガリダケの製品は堅牢で長もちする利点がある。しかし安価なプラスチックやポリエチレンの製品が大量に出回るようになり、ネマガリダケ細工製品は激減した。需要も減少し、後継者ももちろん育たない。このあたりの事情について、以下に掲げるのは地元紙『東奥日報』（昭和五十八〈一九八三〉年二月二十八日付「朝刊」）からの引用である。

竹細工製作者の家を数軒回ると〝あること〟に気付く。それは、作業場に若者がいないことである。若者はおろか三十代もいない。最年少で四十五歳ぐらい。主流は〝六十歳前後〟以上。今も元気に活躍している長老の本間義一さんに至っては、何と八十五歳だ。

愛宕の竹細工をささえているのは高年齢層なのだ。あるおばあさんが、背を丸め、器用に竹の皮をはがしながら、こう言った。「おととし愛宕で十三人が亡くなった。みんなカゴづくりだった。これらの老人が死んだことによって、カゴをつくらなくなった家が何軒かある」。愛宕の竹細工はこのあとどうなるのだろう――とつい心配になる。

佐藤豊吉さん（七十五）は「年寄りがいなくなれば、竹細工はなくなるだろう」と言う。成田繁行さん（七十）はもっと断定的に「完全になくなる」と言いきる。そして卸し、小売りをしている三上幸男さん（五十二）は「つくる人がなくなれば、私の商売も終わりです」。

なぜ後継者が育たないのか――。製作者の話を聞くと次の理由に尽きる。①もうけが少ない　②人並みの所得を上げようとするとたいへんな時間、労力がかかる（時間単価が安い）　③出稼ぎや他の仕事をする方が実入りがある。岩木町連合青年団長で愛宕に住む三上金蔵さん（二十六）も東京に出稼ぎに行っていた。出稼ぎ先に電話を入れてみた。「ウーン。竹細工はカネにならないから若者は関心がない。

全滅するかも。なくなるのは寂しいことで、継承の必要性は感じるけど……」。理想と現実の板ばさみ、といった切なげな口調だった。

ここで逆を考えてみよう。竹細工が高く売れ、需要があり、普通の労力で十分稼げ、製作者が誇れるような状況——これが後継者が育つ条件ではないだろうか。残念ながら現状をみると、かなり理想論だ。だが、現実的でないと、一笑に付するのはどうか。理想に近付けるため、商品開発などさまざまな工夫を「どこか」が真剣にやらなければならない。それもお年寄りが達者な今のうちに……。

十数年前の掲載記事である。

現在、愛宕地区には二十人ほどの専業の竹細工師がいる。その長老格が成田繁行さん〈大正二〈一九一三〉年生まれ〉だ。「昔は学校の先生とお坊さん以外はたいてい竹細工をしたもんだ」と述懐する。成田さんは十七歳のころ、父親の見よう見まねで竹細工の技術を身につけた。一人前になるには最低三年はかかるという。成田さんによると、竹細工の仕事は「なんの収入も得ることのできない者がやる」ものなのだ。つまり、田畑や財産のない者という意味なのか。さらに「自分の力の範囲で努力すればできる仕事だ」とも語った。画一的な管理社会にあって、この言葉は含蓄に富んでいる。

リンゴ手かごは生産者価格が一個九百円。仲介業者をへて消費者価格が千二百〜千三百円になる（一九九二年当時）ベテランになると一日七〜八個をつくるという。

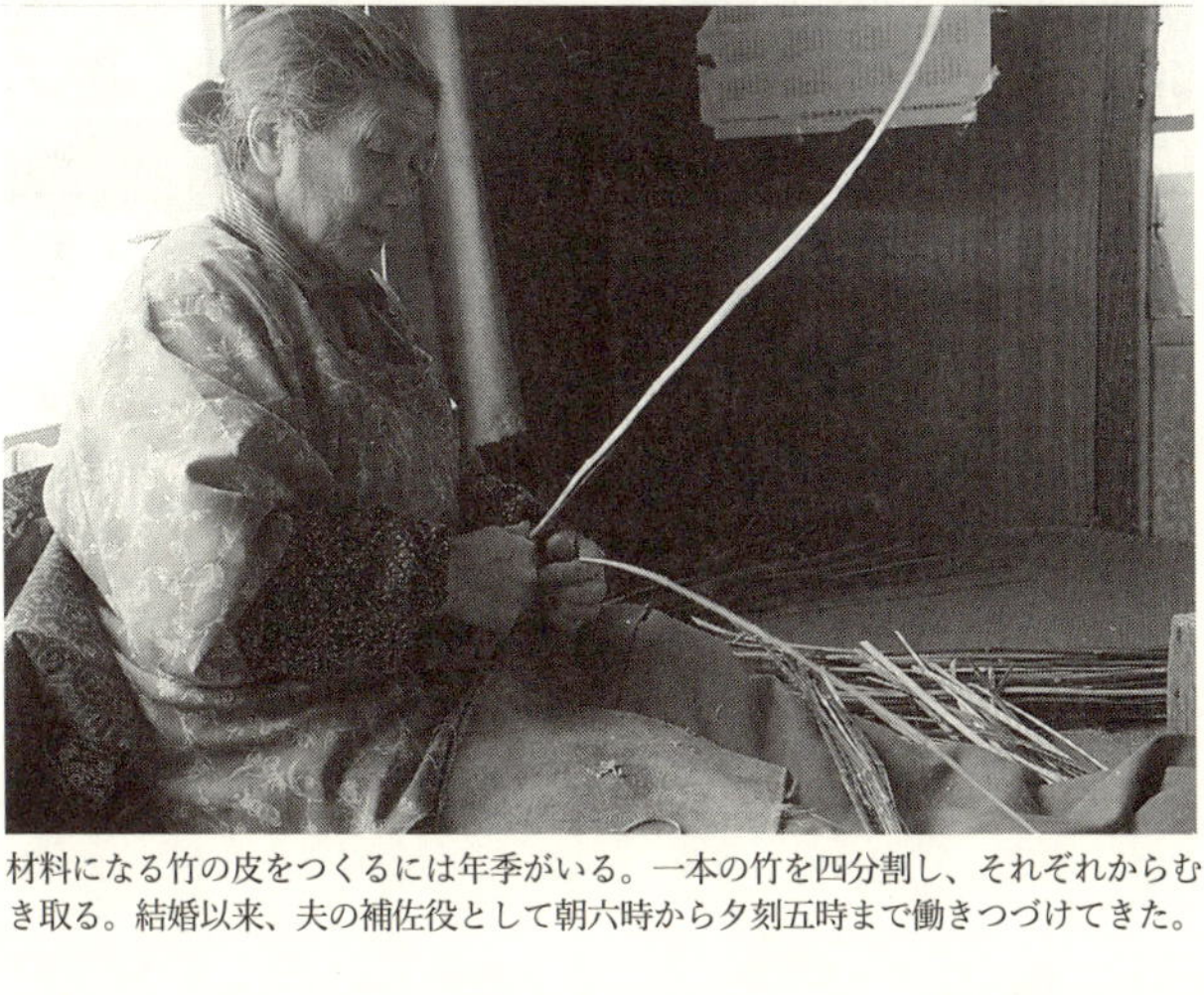

材料になる竹の皮をつくるには年季がいる。一本の竹を四分割し、それぞれからむき取る。結婚以来、夫の補佐役として朝六時から夕刻五時まで働きつづけてきた。

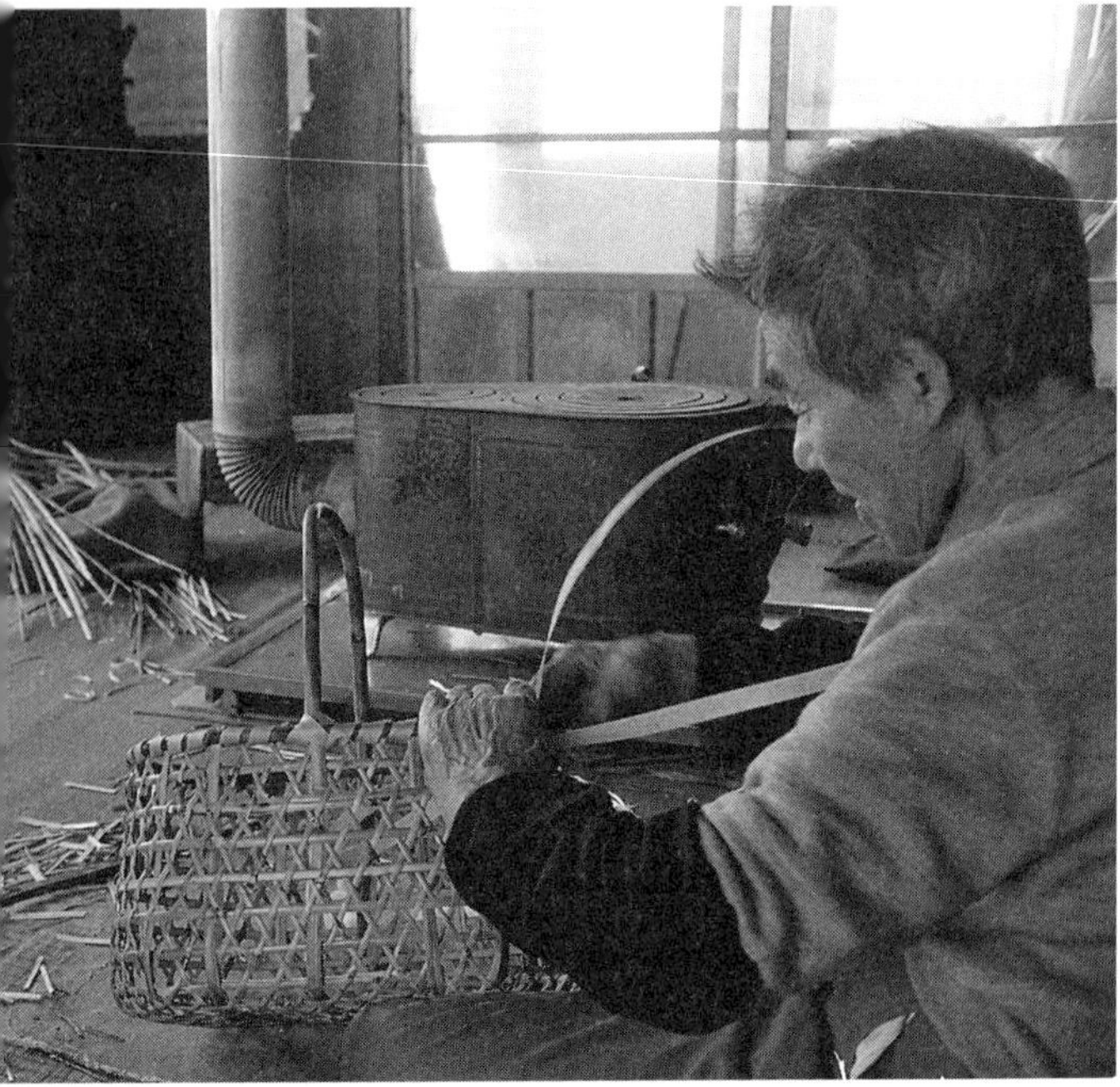

薪ストーブのぬくもりにつつまれ、ラジオを聞きながら日がな一日、竹細工づくりに精を出す。たまには仕事を忘れて、ちかくの湯治場に保養に出かけることもある。

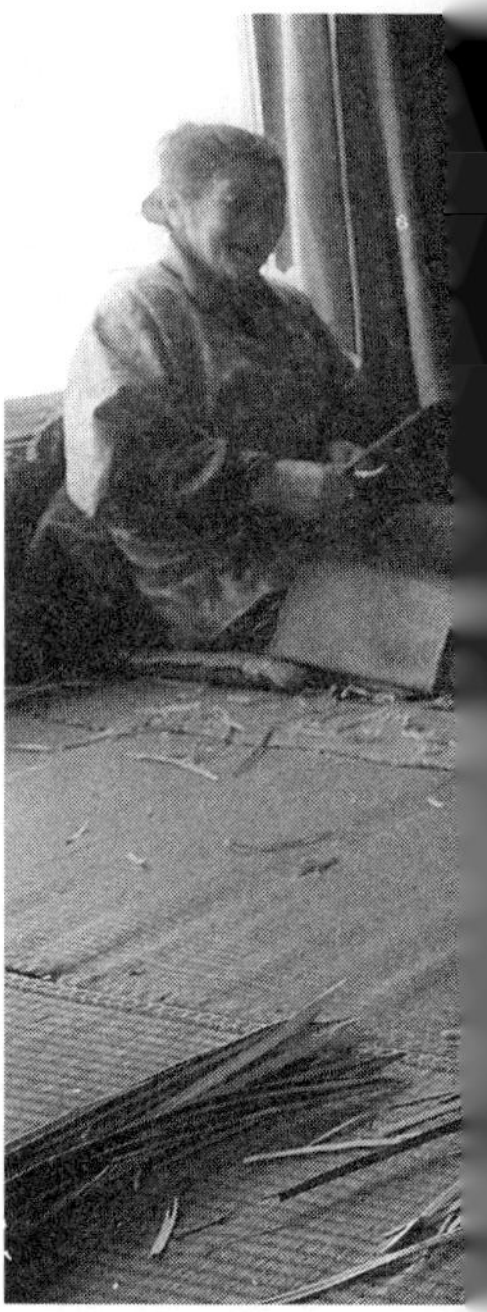

竹細工の道具はわずかに四種類。ナタとハサミと「コキ」と「目通し」である。材料に利用するネマガリダケの皮の幅をそろえるとき「コキ」と呼ばれる道具の穴に材料を通して使う。また「目通し」は、ザルなどの製品を作るとき、編目を密に詰めるために使う道具である。

この四種類の道具で、あらゆる竹細工の製造が可能なのである。たとえば、現在でも最も需要の多い「リンゴ手カゴ」などはナタとハサミで充分だ。

通常、津軽地方で使用される手カゴは口が楕円形をしたものだが、その部分だけでも材料のネマガリダケの皮が四十枚必要とされる。この他、手の部分や補強部分にもネマガリダケが使われ、一個の手カゴができあがる。

ベテランになると、リンゴ手カゴで一日七、八個は製造する。成田さんは朝六時から夕方五時ごろまで、奥さんのたねさんと二人で仕事して十個作る。たねさんがネマガリダケの皮をナタでむき、それを成田さんが編みあげてゆく。編む作業よりも、ネマガリダケの皮をむく材料づくりの方が年季が要るそうだ。一メートルほどの長さのネマガリダケを四分割し、それから皮をむく。つまり一本のネマガリダケから四本の皮がとれることになる。ナタは切れすぎるとよくない。皮をむくとき、芯の方へ刃がくい込むからである。リンゴ手カゴ一個つくるのに全部で二十本のネマガリダケが材料として必要だ。そのネマガリダケの群生地も最近はタケノコ採りに荒らされ、地元岩木山麓では入手が困難になり、秋田県へ採集に行くのだそうだ。むろん、所轄営林署から伐採許可をもらわなければならない。

竹細工には「秋竹」、秋の彼岸から降雪をみるまでの時期に採集するもので、とくに生長二、三年のものが最適だという。吸水活動が低下し、含有物質が品質をたかめるからなのだろうか。逆に、吸水活動が活発な夏期の「夏竹」は腐りやすいのだとか。巻きつけて、製品の縁取りにつかうテープ状のやわらかい材料は「当年竹」の皮である。

竹細工人生を振り返り、成田さんは「眠らないでがんばったこともあるが、ただ生きていただけだった」と語る。わたしが成田さんたずねたのは春先のことだった。仕事場には薪ストーブが焚かれ、窓の外には津軽の雪景色が広がっていた。

（一九九二年「ビスターリ」、『北の山里に生きる』所収）

浄法寺の播子

岩手県浄法寺町

「漆《うるし》の里」で知られる岩手県浄法寺町《じょうぼうじ》（現二戸市）には、漆沢・漆畑・漆田・漆原など、漆という文字のつく地名や姓が多くみられる。安比川《あっぴ》沿いにひらけたこの山里と漆の結びつきはそれほどに深く、その起源は天台寺の創建（延暦二〈七八二〉年）と関連があるという。天台寺（瀬戸内寂聴が住職を務め復興したことで知られる）を土地の人びとは御山《おやま》と呼ぶ。むかし、天台寺の僧侶らが日常生活の什器類として製作した漆器が浄法寺塗で、別名御山塗ともいわれる。それが地場産業として今に伝えられているのである。

戦後、海外から漆液が輸入されるようになってから、国産の漆液の生産は低迷をつづけている。九十九パーセントが輸入ものだという。同時に、合成樹脂塗料による安価な代用品の登場で、漆器製作は壊滅的打撃を受けた。が、浄法寺の漆は品質がすぐれ、文化財修理や高級漆器には欠かせない。

漆は天然の樹脂塗料で、粘着力がつよく、光沢がうつくしい。はやく乾燥し、優美なつやをつくるのである。日本以外にも中国、ベトナム、タイ、ビルマなど東南アジアで産するが、日本産漆が品質的にもっともすぐれている。

現在、浄法寺町には約三十人の「掻子《かきこ》」と呼ばれる漆掻き職人がいる。漆沢地区に住む漆田忠八さん（昭和二〈一九二七〉年生まれ）もその一人だ。高等小学校卒業後、父の後を継いで掻子になった漆田さんは、夫婦で漆掻きの仕事をしている。

夫婦で山に出かけ、早朝から夕方にかけて漆掻きの仕事に精を出す。朝夕、涼しくなると漆液の分泌がよくなる。現在は車を運転して行くが、以前は徒歩だったから、夜明け前には家を出なければならなかった。

地元だけでなく、ほかの土地にも出かけてゆく。旅先では、アパートや一軒家を借りて生活しながら山にはいる。

漆掻きの仕事は天候に左右されやすい。偏東風《やませ》で寒冷な年は漆の樹液がとまる。雨降りや日照りがつづくと良質の漆液がとれない。それに加えて漆液で衣服は汚れるし、またどんなに熟練した掻子でも皮膚がかぶれたり、黒く焼けたりするのである。

漆田さんの顔や手にも、焼けた黒い跡が点となってついていた。軽石でこすり落とすのだとか。

漆田さんによると、昔は掻子は高収入で、一般の就労者にくらべて三〜五倍の収入があった。その頃は山の自然も豊かで、作業を終えて、山菜やキノコをとりながら帰路につくのも楽しみのひとつだった。しかし反面、クマが出没して、それどころではないこともあった。

「おっかなかったなあ、仕事をやめたいと思ったよ」と、漆田さんは当時を振り返る。

「おっかなくて、ブリキ缶をたたいたり花火を鳴らしたりしながら山さ行ったんだ。……でも今はクマも漆の木も減ったな」

ついでに言うと現在は掻子も減少し、後継者もいない状況なのである。

漆鎌・漆鉋・掻ヘラ・タガッポ（漆樽）を手に、べつの漆液採取の場所へ移動する。むかしは畑地に漆の木があったが、農作業の機械化で、伐採されて少なくなってきた。

クマと遭遇して怖かったりしたことや、つらい仕事の一方で、魅力的なこともあるのではないか、とわたしは思い、ありきたりの質問をしてみた。

——楽しいこともあるのではないですか。

「まあ、冬は休養できるし、それに山はのんびりしているし、他人に指図される仕事でないからな。それがいいいな」

こう言って、漆田さんは照れ臭そうに笑った。

漆掻きの仕事は六月の入梅の頃から始まる。漆鎌で樹木の粗皮を削り、漆鉋《うるしがんな》でそこに採取溝を刻み込み、掻ヘラで漆液を、タガッポという筒状の容器に移しとるのである。タガッポは、ホオノキの樹皮を漆液で接着して作る。

漆液は葉や種子にも含まれているが、樹皮と材部の間に縦に走っている漆液溝にもっとも多量に含まれている。

漆液の採取には、辺《へん》掻き・裏目掻き・留掻きという作業工程があって、秋までかかって順次行われる。辺掻きはさらに、季節によって初辺、盛辺《さかり》（上辺）、末辺の三段階にわけられる。入梅のころが初辺で、夏土用のころが盛辺、秋分のころからの作業を末辺と呼ぶ。むかしは枝掻きといって、切り落とした枝からも漆液を採取していたが、現在は行われていない。辺掻きが十月頃まで、そのあと裏目掻きが二十日間ほど行われ、さらに十日間ほど留掻きを行って、一年間の作業は終了する。

最初の辺掻き、とりわけ盛辺で採取された漆液がもっとも良質で、裏目掻きや留掻きになると、漆液は値段も安く、白っぽくどろどろしているので、主に下地塗料に使われる。採取された漆液は樽に入れ、仲買人に売り渡す。昔から漆の入った樽の重量は五貫目（十八・七五キロ）と決められている。カキのしぶを塗った紙を敷き、二重蓋になっている。仲買人は福井県から来る。

漆の木は十年から十五年でものになるが、一シーズン樹液を採取すると、伐採してしまう。これを殺し掻きと呼ぶ。伐採された切株からは蘖《ひこばえ》が芽を出し、やがて十年から十五年で、再び樹液がとれるまでに生長するのである。だから、山の手入れを怠ってはならない。恵みを繰り返し収穫するためには手入れは不可欠であり、それによって山が生かされていくのである。ところが言うまでもなく現実は、そうした山の手入れをする人びとは減少している。

漆田さんは年間四百本の樹木を相手に、一日百本ずつの樹木にそれぞれ採取溝を刻み、それを繰り返す。つまり四区域にわけて、五日目には最初の区域にもどって作業をすることになる。樹木はその四日間で、再び漆液が採取できるまでに回復しているというわけなのだ。これを四日掻きとか四日山などと称している。年間で、一本の樹木には何百

漆鎌で、漆の木の表面の荒皮を削ってなめらかにし、採取溝を刻みやすいようにする。古木になると樹皮が厚くなる。夫婦で作業を分担して、奥さんが担当する。

漆鉋で採取溝（辺）を刻む。熟練を要する作業である。一本の漆の木に三十センチほどの間隔で、十カ所につける。梯子をかけて作業しなければならないので疲れる。

掻ヘラをつかいタガッポに漆液を採取する。漆液の分泌は気温や天候に影響されやすい。雨降りでも日照りでも寒くても液がとまる。外気温と樹内温度の差が原因だ。

タガッポの底に溜まった漆液。半日がかりで採取して、たったこれだけの量にすぎない。年間で一本の木から平均採取量は五十匁（二百グラム弱）。

物心ついたときから五十数年間、掻子として生きてきた。結婚してからでも三十余年にわたって夫婦で、この仕事をつづけている。もちろん、つぶしがきく齢でもないし、このままいくしかない。早朝、家を出て、夕方まで黙々と漆掻きの仕事に打ち込む。

カ所もの採取溝が刻まれることになる。
漆掻きの仕事が終わると、翌年の仕事までの間、漆田さん夫婦はシイタケのハウス栽培を営む。

＊

立秋を過ぎてまもないころ、どんよりとした空が万遍なくひろがっていた。雨が振り出しそうだった。低くつらなる山々の、荒れはてて草木の繁った畑地で、漆田さん夫婦は仕事に精を出していた。付近には、漆の大木がまばらに生えている。

作業をしやすいように根元の草は刈り払われ、先端が枝わかれして二股になった樹の枝をつっかえ棒にして、細い丸太材でつくられた梯子が、一本一本の漆の木のそばに立てかけられてあった。梯子が、二条の脚を上部で交差させたX型になっているのは、漆の木にかけたときの安定性を考慮してのことだろう。

この日、現場には、福井県から来た仲買人の小林忠兵衛さんが姿をみせていた。小林さんは漆液を求めて全国各地を歩きまわっている。

「これくらいきれいな切り口を刻む人は、ちょっといないな。この切り口、辺と言うんだがな。ここに来て漆液をとるたびに一本刻むわけだから、辺の数だけ、この木に来たってことだよね」

小林さんはそう説明して、幹に刻み込まれた辺を数えた。十本刻まれていた。

「つまり十回、通ったってわけよ。今日が十一回目か」

太めの体格で、忌憚のない語り口はいかにも商人らしい印象をあたえる。小林さんによると、漆の木の芯は「網羽木《あばき》」といって、むかしは海釣りの浮子の材料に使われていたのだとか。

漆掻きは見かけは単純作業だが熟練を要する仕事である。一人前になるには、三、四年はかかるという。

「腕に差があると漆液の品質もちがってくるんだな。土用のころの漆液は水分が少なくて上質なわけよ。晴れているより曇天のほうがよく出る。柔らかい木もあれば堅い木もあるわけよ。皮に節がある木はよくない。なにしろ〝スズメの涙〟といってな、漆液はたくさんはとれないんだ。葉が出そろって樹木が成熟する状態をこのあたりでは〝ホケル〟っていうんだが、雨で濡れた木をホケル前に深く掻き過ぎると〝クサレ〟がはいって、つぎから漆が出なくなるんだ。徐々に慣らして漆液をとるんだな。そうだよな、そういうことよな」

言うだけ言ったあとで、小林さんは漆田さんに同意をもとめた。漆田さんはうなずきながら、夫婦で黙々と仕事に打ち込んでいる。

漆の木の根元から上部のほうへ順次作業をすすめてゆくのだが、漆田さんがひと通り採取したあとの採取溝を、夫人がさらに丹念に採取するのだった。

仕事の合間に、道端の木陰で休憩した。ゆでたトウモロコシを食べ、清涼飲料水を飲む。

当年、漆田忠八さんは七十歳で、奥さんのソネさんは六十四歳だ。

「年とったよ。二人で一人前の仕事もできなくなってしまったな。それにしても風もなく、仕事のしやすい日和だな、今日は。秋らしくなってきたな。雨が降らなければいいが。雨が漆液に入れば台無しだ。仕事にならない」

漆田さんの話を聞いて、ふと感じたのだが、高齢になって夫婦一組で自然と向き合って、なお働いていられるのは幸いな人生ではあるまいか。

穏やかな曇天だった。限りなくたくさんの数のアキアカネが季節を彩るかのように、群れをなして浮遊していた。

(一九九五年「ビスターリ」、『北の山里に生きる』所収)

鍛冶　軽米源光

岩手県軽米町

岩手県九戸《くのへ》郡軽米《かるまい》町在住の鍛冶《かじ》工・戸草内《とくさない》源治さん（大正十三〈一九二四〉年生まれ）は早朝五時ごろから仕事にとりかかる。朝食時刻の八時ごろまでに鍛造をすませ、そのあと仕上げ仕事に精を出す。

火造りしたあとの鍛造の仕事は熟練を要する。二枚の「しながね」（軟鉄）の間に「はがね」（鋼鉄）をはさみ込んで（両刃の場合）、焼き入れしながらハンマーでたたいてのばし、刃物の形につくりあげるのだ。この作業で「しながね」と「はがね」を付着させる。熱せられた鉄の色をみて温度を判断するのだが、高すぎても低すぎてもいけない。高すぎると「はがね」が分解してぼろぼろの粒子になってしまう。この状態を「たらの子」というのだそうだ。低すぎると付着の具合がよくない。

鉄は六百度で赤くなるが、八百度で橙《だいだい》色、千度で白味をおびてくるという。鍛造の適温は千百度である。その微妙な色合いを見分けるには早朝の暗いうちがいい。仕事場に太陽光が差し込むと、目がごまかされて判断に狂いが生じるのだ。

「いい刃物と子供は人目につかない暗いところでつくれ」が戸草内さんの持論である。

戸草内さんは刃物だけでなく鍬《くわ》や鋤《すき》などの農具もつくっている。彼にとってそれらの作品は「自分の子供のようなもの」なのだ。

丹精してつくりあげた作品はできあがってみると、作業工程は同じでもそれぞれに違いがあるという。それは「同じように仕込まれて同じところから生まれた子供でも、男女の別はもとより、顔かたちや性格などに違いがあるのと同じこと」なのだそうだ。

そのようにしてできあがった作品だからこそ、たとえばさびついた状態は「人間に奉仕しているのに手入れされなくて怒って赤くなっている」という言い方にもなるのだった。

戸草内さんは青森県境にほど近い戸草内集落で生まれ、高等小学校一年生のとき母を病気で亡くしている。父は後妻を迎えたが、母の死は少年の彼を人生の岐路に立たせた。頭もよく勉強好きだった少年は師範学校への夢を捨て、十五歳でいとこの鍛冶屋に弟子入りした。増尾市太郎といって、青森県八戸市の有名な鍛冶工だった。戸草内集落から八戸まで三十キロ弱。布団を背負った父に従い、少年は衣類の入った行李籠《こうりかご》を背負って、夜明け前に徒歩で山越えして八戸にむかった。そろそろ草木も芽ぶきはじめる四月七日のことだったという。

のちに戸草内さんは二十四歳で独立して「軽米源光」を名乗り、その銘入りの作品をつくるようになるが、それまでの間に三人の師匠とめぐり合っている。その最初の師匠が八戸の市太郎だった。二番目の師匠は海軍時代の分隊長である。鍛冶工として海軍に志願した戸草内さんは横須賀久里浜海軍工作学校を卒業し、昭和十九（一九四四）年に硫黄島に配属された。このときの分隊長の上田神太郎は「神光」という号をもっていた。戸草内さんの「源光」の命名者がこの分隊長である。それは砂鉄と硼酸から、「しながね」と「はがね」を付着させる「酸化鉄ロウ」を開発した褒美に命名されたのだった。「軽米源光」の銘入の刃物の最大の特徴は、抜群の切れ味と刃の部分が描き出す文様の鮮やかさにあるが、その秘訣が「酸化鉄ロウ」の使用にあった。

　戦後、復員した戸草内さんは八戸の市太郎師匠に六カ月間のお礼奉公をしている。そのあとさらに六カ月間、軽米の刀鍛冶にも弟子入りした。小笠原貞吉というその刀鍛冶が三人目の師匠である。貞吉師匠は病気で鍛冶仕事ができなくて貧乏暮らしをしていた。鍛冶の道具もすでになく、戸草内さんには口頭で指導した。戸草内さんが独立するとき、

戦時中、鍛冶工として硫黄島に配属されていたとき、高射砲で米軍機を撃墜した。
捕虜にしたパイロットの身体検査をしたら、胸ポケットから恋人の写真が出てきた。

師匠としてなにひとつ道具を分け与えることができないかわりに、道具よりも大切なものを与えるといって、嫁を世話してくれたのだった。戸草内さんの奥さんのミツさんである。

戸草内さんは昭和四十四（一九六九）年に鉄工所を開業したが、十三年後の昭和五十七（一九八二）年には閉鎖している。以来、鍛冶工として奥さんと二人だけで製作に励んできた。

毎年秋になると、戸草内さんは軽米周辺の山へ砂鉄を採りにゆく。三本の腰紐のそれぞれの先端に結びつけた五百グラムほどの磁石をひきずって山中を歩き回るのである。昔から軽米は砂鉄の産地だった。戸草内さんは、その地元産の砂鉄を精練し、純度の高い「はがね」をつくり出す。

昨年（平成二〈一九九〇年〉）、戸草内さんは「岩手県卓越技能者表彰」を受けている。全国各地からの刃物の注文も、ナタや小刀のほか、茶バサミ、カマ、ソバ切り包丁、出刃包丁など多種にわたっている。できあがった刃物は、自分の髪の毛を切ったり髭をそったりして切れ味をためす。

このため戸草内さんの頭は、髪がはえそろうことなくトラ刈りになっている。

（一九九一年「ビスターリ」、『北の山里に生きる』所収）

嶽温泉「岩木食堂」

青森県嶽温泉

岩木山麓にある嶽《だけ》温泉は弘前からバスで一時間弱。いまから約三百年前に発見されたということだが、津軽地方の農民たちの湯治場として親しまれてきた。

概して、山の温泉などといえば、せせらぎを聞く谷間を連想しがちなものである。しかし、嶽温泉はひろびろとした高原にとり囲まれている。岩木山の南麓にひらけたこの高原は、石坂洋次郎の好短篇「草を刈る娘」の舞台である。石坂洋次郎にはまた、嶽温泉を舞台にした「山の湯」という短篇があるが、その中で高原は主人公の眼を通して次のように描き出されている。

友一ははじめて見る高原の雄大さに呑みこまれてしまい、酔ったように頭がポツとしていた。町で見るのとはまるでちがう、右手に覆いかぶさるように聳り立った岩木山の奇怪な山容がどうしても納得がいかなかったし、左手に展けたひろびろとした裾野を見ても、地面がその傾斜で絶えず流れているような感じがして、固定した土の景色だとは思われないのであった。そして、山も裾野も含めた高原全体から迫られる感じは、自分が踏んでるのは土ではなくて、ここからは頭も尻尾も見えない素晴らしく大きな馬があって、自分はその逞しい背中の筋肉の一部の所を歩いているのだという感覚であった。

（『わが日わが夢』立風書房愛蔵限定版）

石坂洋次郎がこの作品を書き上げたのは戦前である。そのころの嶽温泉は広場に共同浴場があり、付近に松の老木が生えていた。戦後、松は台風で倒れ、共同浴場は湯治宿に内湯としてひかれるようになった。湯治宿も近年は改築がほどこされ、このため以前は軒下に営巣していたツバメも居場所を失い減少した。さえずりながら賑やかに飛び交うツバメの大群は嶽温泉の夏の風物詩のひとつであった。

舘山ヒエさん（大正十五〈一九二六〉年生まれ）が、共同浴場の向かいのあたりに「岩木食堂」を開業したのは昭和三十六（一九六一）年、三十五歳の春である。長男が四歳になっていた。当時、岩木山麓には食堂はなく「岩木食堂」が最初であった。現在は、岩木山神社のある百沢《ひゃくざわ》集落も含めて全部で十二軒ある。

舘山さんは嶽温泉で生まれ育ち、元来、山が好きだった。ひとくちに山好きといっても、それは登山を意味するのではなく、津軽地方では山菜採りを指している。自然がゆたかだから、雪解けの春から新雪の晩秋まで、キノコ狩りや山菜採りを楽しむことがで

ひとりで支那そばを配達しながら開業した岩木食堂だったが、商売大隆昌のきっかけは店先にキノコを並べたことである。その後、キノコだけでなく各種山菜をとり揃え、商品開発をおしすすめた。岩木山の観光化という時勢も味方した。

きるのだ。農閑期になると、農民は山野に繰り出し、採取した山菜・キノコでつくった鍋料理を囲み、老若男女、酒を酌み交し、うたい踊って開放的なひとときを過ごす風習がいまも残っている。

舘山さんは、そのときどきの山菜を「岩木食堂」の店頭に並べて、売り上げの足しにしていた。

ところが最初は細々とやっていた商売もしだいに多忙になり、昭和四十（一九六五）年八月、津軽岩木スカイラインが開通して観光客が押し寄せるようになると、売り上げは年ごとにのびた。普通免許をとり車を運転して配達したが、とても間に合うものではなかった。アイヌネギ・アザミ・シドケ・ボンナ・アイコ・ミズ・コゴミ・カタクリ・タラの芽・ウド・タケノコ・各種キノコ、ビン詰め・缶詰め・袋詰め……。

その後、山菜加工場を新設し、有限会社岩木屋を設立した。社員も二十数人に増え、販路は全国に拡大する。夜も寝ないで山菜を切り刻み、「夜がなければいい」とおもいながらがんばった日々がなつかしく思い出されるそうだ。

舘山さんの開発した製品で圧倒的に好評を博しているのは、タケノコ鮨と梅干しのハチミツ漬け。まさに珍味佳肴、良質の日本酒にふさわしい。温泉につかったあと、浴衣がけで「岩木食堂」に出かけて一杯やるのもよし、宿で注文してやるのもよし。恍惚として酔いつぶれることもまた致し方ない。

ついでながら、嶽温泉は皮膚病や神経痛・リュウマチなどに効能がある。泉質がつよく、皮膚がかぶれることもあるので、洗い湯が浴場に用意されてある。女性は、とくにかぶれやすい箇所があるので、よくよく洗う必要があるとむかしから言い伝えられている。

＊

舘山ヒエさんは平成六（一九九四）年に引退した。かわって、長男・繁樹さんと妻のあい子さんが取り仕切っている。ふたりが結婚したのは山菜加工場が完成した翌年、昭和六十（一九八五）年だった。

二十年ほどむかしになるが、渓流釣りに夢中になっていた頃、岩木山周辺の釣り場に行くたびに、わたしは岩木食堂に顔をだし、舘山ヒエさんとよもやまの話をしながら山菜料理を肴に冷酒を飲んだものだった。

舘山さんが引退後、商品開発はあい子さんが担当している。あい子さんも舘山さん同様、四季おりおり、山菜を採ったり、それを料理するのが好きなのだ。

「縁あって嫁いだけれど、山が好きだしさ、山菜を加工して商品化するいまの仕事は自分にはうってつけだとおもっているの」と満面に微笑をたたえて語る。

「姑の気持を忘れないでさ、そして古いだけでなく、時代にあった食文化の担い手として新商品をつくっていきたいの。それでいて個性をなくさないように……、姑の味を受け継いでいきたい」

あい子さんが開発した商品に「津軽のばさまシリーズ」というのがある。「ばさま」とは婆様の意味だ。旬の山菜の味を生かした無添加食品である。フキやフキノトウ、ウド、ギョウジャニンニク（アイヌネギ）、ワラビなどの味噌漬けだが、味噌も自家製だ。

岩木屋ではコンピュータを導入し、カタログをつくって通信販売を行っている。関東方面で需要が高いそうだ。

あい子さんは朝な夕な岩木山を仰ぎ見て暮らしてきた。そのあい子さんが言うには、この二、三年、山の色がそれまでとどこかちがうのだとか。どこといって説明がつかないけれど感じがちがっているという。

「冬も厳しくなくなったしさ。風が強くて家が揺れて怖くて安眠できないこともあった。でも、いまはそんなこともなくなったね。地吹雪の日もほとんどなくなったね。雪の量も少なくなったし……、春が早く来るのはうれしいけど、なんだか落ち着かないのさ、雪が少なくて……」

あい子さんの経験では、冬がおだやかで積雪量が少ないと、翌年、山菜の量も少ないのだという。

「やっぱり冬は雪が多くてしばれる（凍てつく）日がないとこまるな。冬が厳しければ、それだけ春に対するよろこびも大きいしね」

山村の日々の暮らしの中で、なにがうれしいかといえば、雪解けの芽吹きの春ほどうれしいこともまたないのである。めぐり来る季節のなかで、人びとは自然の息吹きを分かち合って生きていた。

（一九九〇年「ビスターリ」、『北の山里に生きる』所収）

追記　岩木食堂は、その後、館山ヒエさんの後継者、長男の繁樹さんが有限会社岩木屋として事業を拡大し経営している。

十和田湖仙人

十和田湖

「十和田八幡平国立公園」の十和田湖は二重式カルデラ湖で、昭和十一（一九三六）年に国立公園に指定されている。海抜千メートル前後の外輪山をめぐらせ、夏は冷涼だが、冬は豪雪で湖面も結氷する。だが、近年、降雪も少なくなり、湖面も結氷しなくなった。

地元で「十和田湖仙人」と呼ばれ、四十余年間、ヒメマス漁で生計をたててきた板垣卓治さん（七十一歳）は今年（平成二〈一九九〇〉年）五月、おなじ十和田湖岸にある「大川平」に住む息子さんに漁業権を譲り、引退した。五月といえば、山上の湖・十和田湖の岸辺では八重桜が咲き、周辺の、残雪を載く山々でも、ブナやミズナラなどの落葉広葉樹林がぼちぼち芽吹き始める頃である。板垣さんの言葉を借りれば、この頃は「暑くもなく寒くもなく」一年中でもっとも過ごしやすい季節なのだ。むろん十和田湖沿岸の漁民にとっても、水ぬるむ湖面にボートを走らせ、仕事がしやすくなる頃だ。

十和田湖増殖漁業組合は現在五十八人の組合員からなっている。この漁業組合が漁業権を取得したのは昭和二十七（一九五二）年である。明治三十六（一九〇三）年、和井内貞行が支笏《しこつ》湖のヒメマスの稚魚を放流して以来、それまでは彼の一族や仲間によって漁業権はなかば独占されていた。だから、それ以前、板垣さんは〝密漁〟していたのだった。漁民はいまは船外機付きボートで出漁するが、むかしは手漕ぎのイカダであった。

板垣さんは大正八（一九一九）年、現在の秋田県大館市花岡で生まれた。太平洋戦争中、中国人に強制労働をさせ、虐待し、多くの犠牲者を出した、あの「花岡事件」の花岡である。板垣さんの父親は鉱山で働いていた。その後、十和田湖岸の「銀山」で働くようになったが、板垣さんが復員したときは「銀山」は閉山し、父親は「銀山」から湖岸に沿ってしばらく北上した「ムジシ」という場所で漁業生活を送っていた。「ムジシ」は南むきの場所で湖面に小沢が流れ込み、遠浅になっている。ヒメマス漁の好場所である。

満州から復員した板垣さんはひとり暮らしの父親を案じ、いっしょに暮らすことにしたのだった。たしか二十七、八歳の頃だったと板垣さんは述懐する。漁業についてはだれに教えられたわけでもないが、長年やっているうちにうまくやるコツが身についてくるものだという。他人から見れば危なっかしくても、本人にとっては身についたごく普通の挙措であり、これまでに一度も危険を感じたことはなかった。

十和田湖にはヒメマスの他にもサクラマス・カワマス（一説にはビワマス）・ニジマス・ワカサギ・イワナ・コイなどさまざまな淡水魚が棲息している。なかでもヒメマス

山を下ってマチに行くと、飲み水がまずくて困る。十和田湖周辺ではずいぶんカモシカがふえている。むかしは敏捷だったが、いまは逃げようともしない。ずるくなったようだ。いつまでも、この地で好きかってにのんびり生きてゆきたい。

が一番高価である。漁業組合に納める価格が、一キロあたりワカサギの四百円に対し、刺し網漁で、ヒメマスは二千二百円。むかしは一日数十キロも獲っていたそうだ。ヒメマスは刺身、塩焼き、照焼き、酢味噌和えなどの料理、それに煮物、汁物のだしにも使える。「幸せな時代だった」と板垣さんはなつかしむ。

そうしたむかしの豊漁の時代に、板垣さんは結婚し子供を育てた。いまは息子さん、娘さんも独立しているが、連れ合いの方は六年ほど前に病死した。周囲の人々は、板垣さんは連れ合いを亡くしてから急激に老いたという。一時期、体調を崩して息子さん宅に身を引き取られたこともあったが、逃げ出すようにして「ムジシ」に帰った。

「ムジシ」というこの奇妙な地名は国土地理院の地形図にも記載されている。板垣さんの交通手段はボートだが、ここはきわめて不便な場所で、もよりの県道から湖岸沿いに踏み分け道を徒歩で約三十分。電気もない、水道もない、新聞や郵便物も配達されない〝辺境の地〟である。そこに一軒だけ板垣さんの家がある。近くの湧き水で米を研ぎ、拾い集めた木の枝を燃料に炊事し、ロウソクの灯火で隠遁生活を送っている。以前、自家用発電機があったが故障した。湧き水は水温十二、三度で冷たく、うまい。板垣さんが、たまに十和田湖を下りてマチへ出て困るのは水道の飲料水である。まずいのだ。空気もまずい。

「ムジシ」という地名の由来に関して、役場でも地元でも知る者はいない。板垣さんも小首をかしげる。かりに先住アイヌ民族の言葉だとしたらどうだろう。「ムジシ」はひょっとして「ムンチセ」(草ぶき小屋)の転訛ではないだろうか。だとしたら、先住アイヌ民族がそこに草ぶき小屋を建てて漁撈生活を営んでいたことなども空想できそうだ。が、「ムジシ」とはれっきとした日本語であり、みちのくの山村用語なのだ。山村の過疎化や疲弊にともない、もはや死語になりつつある。「ムズシ」「モジス」などともいうらしく、やぶわらの意味である。

ムズシ　藪。柴や叢の大きい地。アケビなど多い（『青森県五戸語彙』能田多代子著）
ムンヂシ　雑木の藪（『青森県五戸方言集』菅沼貴一編）
もじし〔やぶ―藪〕（南部町）「もじょす」とも。むじし　〔荒地〕（上北）②柴原（『南部のことば』佐藤政五郎編）
（ほかにわたしが調べたかぎりでは、鳴海助一著『余録津軽のことば』、岡田一二三著『みちのく南部の方言』にもムジシに関する言葉の見出しが見られる）

その「ムジシ」から板垣さんはボートで、付近の山で採ったキノコや山菜を売りに、「銀山」にある民宿「招仙閣」に出てくることがある。そして好きなビールを飲んで帰ってゆく。

板垣さんのボートは「御花部丸」という名だ。ムジシの背後にある御鼻部山（一〇一一メートル）にちなんで名づけたのだろう。この冬、暖房用の炭火が、積んであったガソリンに引火し、あやうくボートを焼失するところだった。

それで〝惚け〟の噂がたった。

娘さんに引き取られて板垣さんがムジシを去り、大館市に移転したのは、それからまもなくであった。

＊

板垣さんをたずねて七年後の夏、わたしはムジシに行ってみた。滝ノ沢キャンプ場から湖岸につづく歩道を、寄せ返す波音を聞きながら三十分余。ブナやミズナラ、イタヤカエデ、マンサクなどの木立が湖面に影を映し、腐葉土の歩道が足元にやわらかい感触を残す。

かつて、板垣さんの家は「ムズシノ沢」の左岸に建っていた。が、いまは屋根のトタン板も赤茶けた色にさびつき、倒壊し、据え風呂が戸外にむき出しになっていた。刺し網も放置されたままで埋もれかけていた。ヨモギやカヤ、キイチゴが繁茂しているが、やがて倒壊した家屋を覆い尽くしてしまうのだろう。板垣さんが植えたモモとキリの木だけが昔日をしのぶよすがとなっている。

湖岸に出てみると、「御花部丸」もなく、青空を映して、おだやかにひろがる湖岸のつきるところに、外輪山が緑々として夏の風情をみせているのだった。

帰途、滝ノ沢にある相川さん宅に立ち寄る。相川チヱさん（大正元〈一九一二〉年生まれ）の夫の父親は、板垣さんの父親とおなじく「銀山」で働いていたのだった。チヱさんは二十数年前に夫を亡くしている。当年、八十五歳、なお矍鑠《かくしやく》として歯切れのよい話し方をする。

世間には年老いて偏執で固陋《ころう》な性格が数少なくないが、チヱさんは童女のように初々しくさわやかな印象をあたえる。これはあきらかに内面性のゆたかさに起因するのではあるまいか。このゆたかさは貧しく不便な生活であっても、自然の息吹に培われてきたものなのだろう。

庭先にオオヤマザクラのみごとな巨木がある。夫の姉が植えたものなのだ。

百姓の娘で、二十歳のときもらわれてきた。ビッキ（子ども）背負って、一日がかりで里帰りした四十キロの道のりも、いまは車で一時間だ。ふくよかな笑顔を見せて言う。

わたしがたずねたとき、チヱさんは座敷で昼寝していた。

「婆っちゃ、ずいぶん暑い日だな、今日は。水を一杯飲ませてくれませんか」

「ああ、どうぞ、どうぞ。水ならいくらでもあるよ」

湧水を利用している。水には不自由しないが、自家発電なので、そのとり扱い方を知らないチヱさんは、勤めに出ている長男夫婦が帰宅しないうちはテレビも見られない。電気がなければ、冷蔵庫や洗濯機、掃除機、ステレオなども使用できない。

「ときどき息子夫婦が遅く帰ってくると、その間、暗くなっても電気がつけられないんだな。それでランプを使うんだ。ランプなら使い方が簡単だ」

チヱさんは屈託のない笑顔で、そう言った。この付近はヘビがたくさんいて、たまに家の中にしのび込んでくるので困るそうだ。

「ヘビがいちばん怖くて嫌いだな。窓ガラスを伝わって、うようよして這い登るんだ。アオダイショウの大きいのがよ」

ヘビ対策として網戸をつけ、家の周囲にはタバコの吸いがらを撒き散らしておく。ときには吸いがらをホテルなどから集めてきて水に溶かして撒くこともあった。

番犬の「ラッキー」もヘビ対策に一役買っている。ヘビをみつけると吠えたてるのだ。

「それでもどこからどうやってはいるもんだか知らないけど家の中さ、いるんだな」

＊

チヱさんは四十年ほど前まで、夏にはエビを背負って、南津軽の村々へ日帰りで行商にでかけていた。板垣さんといっしょに行ったこともあった。農家を一軒一軒まわりながら「買ってください」とお願いするのだ。米や穀類などと物々交換することもあった。当時、エビ（モエビ）は十和田湖にたくさんいた。「エビド」と呼ばれる筒筌《つつうけ》をかけて毎日一斗（約十八リットル）もとれたという。ゆがいて、天日にさらして乾燥させ、二斗を背負って売り歩くのだ。値段は一升十円。

津軽地方へ行くには、数百メートルの高度差のある滝ノ沢峠を越えなければならない。毎日の行商で疲労困憊し、ついに肺炎で倒れた。

以来、行商には歩かなくなった。もっともいまはエビも減少し、現在、観光客相手に売られているのは十和田湖産のエビではない。

チヱさんがおなじ秋田県の毛馬内《けまない》から、この十和田湖畔の滝ノ沢に嫁いだのは、はたちのときだった。実家は農家だ。嫁ぎ先の本家が旅館を経営していたので、七年間そこで配膳係として働いた。

旅館は「黒石館」といって、百人ほど収容できた。ワラジを履いた物見遊山客が津軽地方から来るのだった。当時は滝ノ沢が十和田湖観光の拠点で、「黒石丸」という遊覧船が対岸の休屋まで航行していた。

夫は開墾をつづけていた。米は一反歩から三俵しかとれなかった。

つらい窮乏生活だった。バンドリ（ムササビ）やヤマドリを鉄砲でとって売っていた。

「親に心配かけたくないから、実家に帰ることもできないし……」とチヱさんは話す。

チヱさんには一人の息子と五人の娘が生まれた。娘たちは東京をはじめ関東方面や、あるいは新潟で結婚して暮らしている。

「娘たちが遊びに来いって言うんだが、めんどう臭いし、いまではここがいちばんいい」

チヱさんはほがらかに笑って、そう言った。


（一九九〇年「ビスターリ」、『北の山里に生きる』所収）

廃村むかしがたり

青森県西目屋村

去年（平成八〈一九九六〉年）の秋、桑田光子さん（昭和三十六〈一九六一〉年生まれ）のリンゴ園で、九歳になる愛犬「ナナ」がヤマカガシに鼻をかまれ、顔が倍ほどに大きく腫れあがった。毒がまわったのだろう。ヤマカガシは、体の表面が赤と黒の斑模様で、首筋が黄色く色どりのうつくしい、この地方の山野ではマムシとともにしばしばみかける毒ヘビだ。

桑田さんのリンゴ園は、現在住居のある村市地区（青森県中津軽郡西目屋村）から直線距離で二キロ弱、村内をながれる岩木川の対岸にみえる小高い山の中腹にある。山はふたつの峰からなり大高森山、小高森山とそれぞれよばれ、大高森山にリンゴ畑がある。

リンゴの果樹園や農作物の畑では、収穫期を迎える季節になると、サルによる被害がたえない。サルは熟した果実をえらび、それもひとくちだけほおばって、あとは捨てるのだ。きっと、いちばんおいしい部分を食べるのだろう。長ネギも好物らしい。畝《うね》を掘りおこして土中の白い部分を食べる。稲は上手にしごきながら、出そろった穂を食べる。

むかしは山里の村々でもサルをみかけることはほとんどなかった。クマもふくめて野生動物が山里に出没するようになったのは、ちかごろのことだと村びとは異口同音に言う。人間の仕わざによる奥山での自然破壊によって、安住の地を壊滅された野生動物が、追い出されるようにして山里に下りてくるのだ。しかも「害獣」として扱われ、有害駆除の対象にされて殺されるのは、一切の有情に慈悲をおぼえるものにはしのびない。

かたっぱしから殺すよりは駆逐するほうが人情がある。桑田さんの愛犬ナナは番犬としてリンゴ園につれていかれ、そこで放し飼いにされていたのだった。ナナがヤマカガシにかまれて以来、桑田さんの家ではサル対策にはもっぱら爆竹をならしている。

大高森山中腹の斜面にひろがるリンゴ園は、それ以前はヒエ・アワ畑で、炭焼きを生業とする集落が付近にあった。高森とよばれていた集落である。石を割ってつみかさねて土台にした、茅ぶきで真壁のふるい家屋がたち並んでいた。一説には鎌倉時代の隠れ里だという。昭和四十六（一九七一）年、過疎地域対策緊急措置法が適用され集団移転し、集落は廃絶した。

桑田さんが十歳、小学四年のときだった。桑田さんには、生まれ育った高森にまつわる印象深い思い出がある。冬、大人たちはワカン（輪かんじき）をはいて雪やぶをこぎわけ、小学校へ通学する子供らを背負って送迎していた。途中で迷うことのないように、標識として雪面にカヤをさしたてておく。角巻き（毛織の肩掛け）でわが子をくるんで背負い、さらに二重に頭から角巻きを着込み、寒さを防ぐのである。

荒れ狂う風雪で踏み跡が消えてしまう日もあった。子供らは閉ざされたぬくもりの中で、じっと耐えて父母の背にゆられながら、どのような想念にとらわれていたのだろうか。一方、わが子を背負って冬山をあるく父母の脳中を去来するおもいはどんなものだったろうか。

一時間ほどの道程である。ときどきよろけたり、やわらかい雪やぶに足元をすくわれ転倒することもあった。

キツネに化かされたような、なんだか、このまま別の世界にたどりつくのではないかという錯覚に陥り、不安にかられたこともあったという。

道々に親子の間で交わされる会話も、表面上は無味乾燥なものにすぎなかった。

「まだだが」

「まだだ」

最小限ともいえる、たったこれだけの会話で、意志の疎通は存分につくされていた。むしろ、これ以上の会話は必要ない。言うほどに、寒さが沁みて疲れるだけである。

桑田さんの思い出の中で、そのとき自分を背負っていたのが父だったのか母だったのか、それは忘れてしまったが、前方肩越しに、角巻きの隙間からのぞかれる冬木立の山々のつらなりが光っていた。

「きっと、晴れていた日だったたんだびょん。よくはわからないけど、雪は降っていなかったかもしれない。なにしろ、親が頭からすっぽりかぶった角巻きの隙間ッコからしか外の冬景色がみえないんだもの……。いま考えれば、親は苦労したもんだびょん。冬の雪山道を登ったり下ったりして……、それそれだけでなくてもヘヅネ（辛苦）生活したんだびょん、むかしのことだもの……」

「びょん」という表現は、推量・推定をあらわす接尾語だが、この地方の方言だ。

桑田さんも、現在ではちかくの村の農家に嫁いでいて三児の母である。たしかに、桑田さんが指摘するように、辛苦をなめた山村生活だったたにちがいない。が、不思議なことに、それにしてはむかしを語る村びとの表情は明るく、語気も快活ではずんでいる。たんに社交辞令としてなのか、それとも過去をしのぶ人間心理の奇妙さからくるものなのか、ふと、考えあぐねるが、そのどちらでもあるまい。

村びとの明朗闊達な性格は、自然とむき合って暮らす現実にはぐくまれた健全性の発露なのであろう。むろん、山里の村びとにしても、不誠実でこざかしく世故にたけて、世間のおもてにやたらと登場したがる「めだちたがり屋」もいないわけではない。自然に関して疎遠になった都市型生活者にこびて、いかにも自分だけが最後に残された山棲み文化の担い手であるかのような言動をとり、商売のタネにしているものもいる。しかし、そのような輩は、おなじ村内でも都市型生活者はだますことができても、むかしながらの自営生活者からはうしろ指をさされているのが常である。

高森は、むかしから相互扶助の慣習があり住民同士の融和のとれた集落だった。農作

明治生まれの桑田かよさんは一九七九年、八十八歳で死去。生前外出間際に自宅の門前でのどかな時間の流れる日だまりに立ち、記念撮影をした（提供=桑田光子）。

業にしても全戸で六軒だが共同で取りくんだという。村びとの記憶によると、むかしから集落の戸数は六軒である。が、『新撰陸奥国誌』という地誌には、明治初年で五軒と記されている。現在、存命している村びとはいずれも大正以降の生まれだから、そのころは一軒ふえて六軒になっていたのかもしれない。

伝承されている話によると、最初は桑田家と成田家の二軒しかなかった。それが分家して明治初年には五軒にふえ、その後さらに一軒ふえて六軒になったということなのだろう。代々庄屋をつとめたのは成田家だった。成田家には、屏風の裏打ち文書が床の間にかざられ家宝として保存されていたのだが紛失した。郷土史家が借りていったきり、返してくれないのだ。何年か後、電話で問い合せてみたが、当人は借りたおぼえはないという。

成田家に、むかしをしのぶよすがとして、現在も残されているのはヤリの穂先だけだ。先祖代々の宝だから、「バクロ」（鉄屑買付業者）に売ったりするような不始末はしでかすなと、うるさく言われたものだと語るのは成田ツヤさん（大正六〈一九一七〉年生まれ）だ。

成田さんは八人兄弟の長女として高森集落で生まれ、数えで二十歳のとき婿養子を迎えている。苦労の絶えない山の生活だった。

「冬はことさら不便できつかった。魚売りは来ないし、一週間も二週間もの食料を買い出しに下の村までみんなで下りてきて、背負子につけて背負って運びあげたもんだ。塩づけのサケ、マス、ホッケ、ニシン、乾物の類をだな。いま考えれば、まぁ、よくも生きていたもんだよ。みんなでぞろぞろワカンをはいて雪の中を降りては、また登っていった……」

その当時、ワカンは生活必需品として各家庭でつくっていた。地方によって材料やつくり方は異なるが、この地方ではトリコシバ（クロモジ）を熱湯につけて外枠の湾曲部をつくり、ツメの部分はイタヤカエデ、靴をのせる部分と外枠にはさみ込んだツメをしばりつける材料にはニキョウ（サルナシ）をつかっていた。

「むかしはワカンだけでなく、ワラのはきものもつくっていた」と成田さんは語る。

ワラ靴を「スベ」という。子供らは、スベをはいて冬の雪道を通学していたのだった。

「ワラハド（子供ら）を迎えに行って戻ってくると、凍みてしまったスベを火鉢で乾かしたもんだ。そしてつぎの朝また、そのスベをはいて行くんだきゃ。むかしは雪が多くてそれはたいへんだった」

雪は玄関よりもたかい位置まで積もっているので、外へ出るには雪を削って階段をつくらねばならなかった。玄関には風雪除けの菰《こも》をたれ下げておくのだが、大雪に見舞われると、内側から菰を押しあけることができなくなるほど雪に埋もれてしまうのだった。

「いやいや、雪がふかくてふかくて……、あのころはランプで生活していたんだ。電灯がついたのは尋常小学校のときだった。春になればよ、雪の消えた川岸に生えるシノベ（アサツキ）をとりに行ってよ、着物をぐっしょり濡らしてしまって親に叱られてな……」

雪解けからはじまって降雪をみる秋まで、子供らは山菜だの木の実をとって遊んでいたのだった。冬はソリ遊びである。しかし遊んでばかりいられるほど、各家庭には労働に余力がなかった。子供らも、ときには手伝わなければならないのだ。

縄を綯《な》ったり、ワラを打ったり、炭を入れるスゴ（俵）を編んだり……、あるいは炭焼き小屋に食料を運び、帰路は炭俵を背負ってくる。

「冬は慣れないワカンをはいてあるくものだので、荷は重いし、転んでばかりいて雪に埋まって立ちあがるのにたいへんだった……。子供らには炭俵を縦に背負わせてな、まあまあ、ほんとに苦労したな」

成田さんは屈託もない笑顔で、辛苦をなめたはずの生活を回想して語るのだった。

「いまはあまりみかけないが、むかしはウサギがいっぱいいたな。フクムスビ（罠の一種）でとるんだ。ウサギの肉を肴にダク（どぶろく）を飲むのが、たのしみでな。雪納

秋のうららかな西陽に映える、荒れはてた成田家の白壁。現在では、この家ももう壊されてしまい、なくなっている。水田で刈りとった稲束は、「棒がけ」とよばれる方法で天日にさらして乾燥させる。

豆もつくっていたな。雪穴にワラを敷き詰め、そこに納豆を入れて保温しておくんだ。とり出すとほっかほっかしてよ……、おいしかったよ」

むろん、納豆にかぎらず米や味噌・野菜なども自家製だった。なかば自給自足の生活を強いられていたのである。夏には、ちかくにある鉱山(舟打鉱山、昭和三十七〈一九六二〉年閉山)で働く人たちに食料を売りにも行ったという。売った代金で衣類などを買いつけてくるのだった。

「あの当時、食料だけでなく、ダクも売りに行って喜ばれたもんだ」

ダクはアワと米が材料だった。

成田さんは曾祖父の代まで、かすかにその面影を記憶している。曾祖父の語り伝えによると、祖先は馬の放牧にやってきていたのだった。夕食後のひととき、火鉢にあたりながらその話をきかされたものだという。

「ここは水がいいって、馬をつれてきたんだと。いまの清水ッコ、その水がいいって……。うん、それでまず最初に桑田と成田が家をたてて住みついたということだ。ウマをつれてくるんだから、長男ではなくてヤヅメカシ（二男三男）だべ。馬頭観音がむかしはあったな」

家督を相続できない男子が、清水のある山中にウマを放牧にきて、やがて定住するようになったというのである。清水は現在も湧き出しつづけている。四季をとわず湧水量が一定し、飲料水としても重宝されていたのだった。

成田さんが若かったころは、コガ（桶）で清水を汲み、家までかついで運び、溜めておいてつかっていた。その後、コガは水瓶にかわった。

馬頭観音は高森集落の産土神《うぶすながみ》だった。旧六月十七日には毎年、ささやかな祭典があったという。各家から主人があつまり、境内で酒宴をひらくのだ。

「朝、境内を掃除して、石を三つ、三角形になるように置いて、大ナベをかけて焚火で料理をつくるんだな。山菜だの干ダラや野菜を煮込むんだ。御神酒上げといって晩方まで酒を飲んでうたって、たのしかったな」

いわば親睦を兼ねた収穫祭である。

「みんな仕事を休んで飲んだもんだ。干ダラの皮をむしって食べながら酒飲んで、おもしろかったよ。酔っぱらってゴンボホル（言いがかりをつける）もの、喧嘩するもの」

山中の六軒しかない集落で、六人の男があつまって酩酊し、ときには喧嘩もするのである。滑稽でもあるが、だからといって笑うに笑えない人生の悲哀も、そこには漂っている。

高森集落の産土神・馬頭観音は、集落の移転とともに遷座した。成田さんによると、昭和四十六（一九七一）年十月二十四日のことだった。山々は紅葉につつまれていた。

「子供らはたいへん喜んでいたが、我れは、気持ちは複雑だったたな。泣きはしなかったけど、なんといえばいいのか、簡単には言えない、ザワザワッとした気持ちでよ……」

と、成田さんは大笑いしながら語った。


（一九九八年『北の山里に生きる』所収）

開拓村　苦闘の人生

青森県黒石市

南八甲田連峰横岳の山麓、沖揚平《おきあげたい》は海抜七五〇メートル。豪雪地帯である。季節の到来は平地と異なり、春は遅く、冬は早い。五月になって、ようやく地面にみどりが萌え出す。十月、新雪がくる。現在、十八戸の農家が、短い夏の季節に高冷地野菜の栽培を主とする農業を営んでいる。

昭和二十三（一九四八）年、第一次先遣隊として八人がこの地に入植した。三月、まだぶ厚く積雪に覆われ、一帯はブナの茂る未開地だった。そのブナを伐り払って開墾したのである。伐木で炭を焼き、伐開地にはソバを栽培した。

最初の入植者のひとり葛西武弥さんは、当時のことをつぎのように書きつけている。

三月二二日落合に一〇名集結し、翌二三日、大川原から雪上宿営のための用具（天幕、炊事など）を背負い、道案内を伴い、足を踏み入れたこともない夢の新天地、沖上《ママ》平に向かった。大小川沿いの行く手は険しく、雪と道のない森林地帯を歩きに歩き、まだか、まだかと思うほど歩いた二里半、途中背の荷物を置き、昼近く案内人にここが沖上平と告げられてびっくり、樹木の第一枝近くまで積雪に埋もれている。径尺もあるかと思われるブナの老木が、人の分け入る隙間のないほどの密林地帯であった。五体に感応する気圧感、五万分の地図の上で説明を受け、想像していた以上の現況になるほど南八甲田山の中だなと自問自答した。新しい村づくりを進める入植地である確認と喜びの実感が湧き出るのを覚えた。太陽は西に傾き始めた。いろいろな想いをこの地にとどめ、その日は大川原まで一応帰ることにした。

あくる二四日、いよいよ村づくりの作業が始められた。生活用水を探し求めた時の喜び、その近くの雪上にこれから融雪期までの間寄居する幕舎二カ所、共同炊事のための幕舎一カ所を張り、寄居する幕舎には、伐採した樹木の小枝を小切りして敷物がわりにし、中央に大きなイロリを造った。そこに生木を焚き、火を囲みながら新しい村での第一夜を迎えることになった。

紺碧の空は残陽を受けて茜色に変わり、枯木立ち樹木の中に太陽が沈んでいった。この地にも我々の村づくりを祝福してか、風音もなく、星は瞬き、山霊はひしひしと身に迫る。焚火に照り映える皆なの顔、顔、顔には決意の表情が張り、目を見合わせて村づくりの決行を誓い合った。（中略）

一二名だった村人も雪が消え、家族招致で総勢一四〇数名の大家族となった。村は賑わしくなり、大半の働き手は食料搬入のため大川原まで往き来した。これから永く辛く、そして苦しい村づくりが続けられた。数年後、学校も開校となり、一応開拓道路も完了した。電話も架設になり電灯もついた。

（「高冷地そさいに明日を拓く」『青森県戦後開拓史』青森県発行より抜粋）

前途への奮起が伝わる文章だ。入植は、明治四十四（一九一一）年生まれの葛西さんが三十七歳のときだった。

最初の年、幕舎（テント）で生活した。秋になって、付近で刈り取ったチシマザサを束ねて、ブナの森の中に小屋をつくった。広さ六坪。開拓住宅が新築されるまでの二年余りをその小屋で過ごす。冬は強烈に寒く、夜通し火を絶やさず暖をとった。

入植して三年後の昭和二十六（一九五二）年に道路が開通した。正式には「山形村開拓幹線道路」という。その後、県道から主要地方道をへて、現在は国道に昇格している。

道路開設後、所轄営林署による乱伐、過伐がはじまった。広く覆っていたブナ林は徹底的に伐採され、山は荒廃した。

かつての幕藩体制時代、津軽藩では適切な管理のもとに山林の保護をはかっている。とくに第四代藩主・津軽信政は山鹿流兵学に傾倒し、山林制度をととのえた。

長い間、沖揚平のドキュメンタリー番組を製作しつづけている青森放送が取材したときの記念写真。電気がつうじて間もなくのころだから、昭和三十年代だとおもわれる。希望だけがささえだった。右端が葛西さん（提供=葛西武弥）。

その信政は山林についてこう述べている。

「……山を大切にするは萬民の生命を保つ根本なれば、山程大切な者はなし、別して當方の如き東奥の寒気凛烈な處は、深く心を山林に用ひて、基繁殖を謀らざれば、成木なり難し、後世に至りても、上下共に能く心を山林に用ふべき事なり……」（『贈従三位津軽信政公事蹟』外崎覺）

この時代、津軽藩の山林制度はその優良さにおいて全国屈指と称賛されている。しかし近代以降の経済効率優先の社会にあって、自然のいのちや、それと人間社会との関連性は顧みられることもなかった。こうした現象は一津軽地方にかぎったことではない。近代日本全体の特徴といえるだろう。

自然林の伐採跡地に、手入れもされずに放置された人工林。林道によって表土をむき出しにされ、無残に切り刻まれた山肌。そしてさらに、そこに造成されるゴルフ場やスキー場……。これはまぎれもない自然破壊のきわめつけである。

昭和五十年と五十二年の夏、津軽地方を襲った集中豪雨は水田冠水や家屋倒壊・浸水、河川や道路の決壊、多数の死者を出す大惨事を発生させた。原因として森林乱伐や乱開発が指摘されたが、行政は天災説を主張した。が、自然の循環システムを無視した乱伐・過伐や乱開発によって自然の荒廃をまねいているのは事実である。

葛西さんは当時をふり返ってこう語る。

「下の人びとは、いままでにこんな大洪水はなかったと大騒ぎしたが、山がハゲ山では、水が出るもあたりまえだべ」

集水域での自然破壊が下流域住民に被害をおよぼすのは、自然の仕組みが山や川や海もふくめてひとつらなりになっているからである。災害は起こるべくして起きたのだった。その科学的根拠が乏しいという理由で天災に帰するのは欺瞞にほかならない。

＊

葛西さんは八十二歳（平成五〈一九九三〉年取材当時）。ふしくれ立ってひん曲がった指は入植の厳しさをうかがわせる。同時に、その厳しさを耐え抜く意志は老化防止につながっているようだ。とても八十歳を越えているとはおもえないほど意気軒昂として肌つやもよく、全体的に若々しい。入植以来四十数年間伸ばしつづけているという髭も、その一本一本に生気が感じられるほどだ。

髭を伸ばしつづけたのは、剃るヒマもなかったからなのだとか。多忙に追われていた。それでありながら充実した毎日であったという。チシマザサの小屋で暮らしていた不便きわまりない時でさえ、心は満たされていた。それは明日に光を求め、農業に対する希望を決して失わなかったからである。

しかし葛西さんによると、農業基本法が制定されて以来、技術の進歩や機械化の反面、農業労働力は流出し、農民の心はすさんでいった。

農業基本法制定の翌年（昭和三十七〈一九六二〉年）、沖揚平の入植者たちは、県と国から離農勧告をうけた。理由は開拓不適地。入植して十四年が過ぎていた。開拓適地に選定しておきながら、その選定をひるがえし、離農を勧告する行政のなおざりな対応に入植者たちは戸惑った。適地選定にかかわる、この構造改善事業は農業基本法を背景になされている。

当時の概況について、『青森県戦後開拓史』にはつぎのように記されている。

「開拓農家の経営は一般農家に劣らない水準に達したが、負債の重圧だけはますます甚だしくなり、一方では、戦後の開拓も二〇年たったのだから、一般農政に包含されるべきだという考えも強くなってきた。」

昭和三十八（一九六三）年七月に開拓営農進行臨時措置法が改正されて、第二次振興対策が開始された。開拓者を、一般農家並以上に達しているもの、振興措置によって向上し得るもの、農家として発展見込のないものに三区分し、それぞれを一類、二類、三類と呼んで、異った対策をとったところに特色がある。第二次振興対策で、沖揚平の入植者は三類開拓者、すなわち「農家として発展見込のないもの」としてとり扱われたのだった。

第二次振興対策は、昭和三十二年から五カ年間実施された第一次振興対策につづいて、既入植者に対する営農改善策として生まれたものである。「三類開拓者については、負債の履行延期ないし徴収停止の措置も考慮し、離農助成を強化するといった、これまでにない抜本策も実行された」（前掲書）ことの結果なのだ。

行政から離農を勧告されても、容易にはそれにしたがうわけにいかなかった。小学校（大川原小学校沖揚平分校）で討議をかさね、高冷地野菜の生産地として再出発がはかられた。おりしもオリンピック景気をはじめ、その後の好景気で順調とはいえないまでも営農の振興ははかられたが、結局のところ、高冷地という気象条件の制約された土地では、安定した生産はのぞめなかった。

事態をみつづけてきた葛西さんはこう結論づける。

「まず農業とはなにか。生きるためのものであって、もうけるためであってはならない。経済本位で農業は成立しないし、機械化や大規模経営は自然破壊を助長するだけである。売ることを目的とせず、自給の範囲内での循環式の農業経営を目指すべきだ。化学肥料や農薬は土壌を死滅させるので、永続的な農業経営はできない」

これは経営理念というより思想といえよう。当然のことながら、葛西さんは有機農業の家族経営を実践している。回収した生ゴミにオガクズと水を混入し、熱を加えて発酵させ、それをニワトリの飼料にする。鶏糞は堆肥に利用する。

葛西さんの家庭は四人家族だが、食事の献立にも自然食品が多用されている。ダシ汁に使う煮干にしても付近の小川に棲む小魚が材料だ。山菜、キノコにいたっては周辺のブナの森に行けばふんだんにあるし、不自由はない。

山での素朴な生活は健康的である。

「農業が素晴らしいのではなくて、雄大な自然の中で生活することが素晴らしいのだ」

その素晴らしさを、葛西さんは旧満州（中国東北部）で体験したのだった。満州事変勃発（昭和六〈一九三一〉年）の翌年、弘前に司令部のあった第八師団騎兵八連隊として出兵し、のちに除隊。満鉄に勤務し、その後満州国政府に転属させられ、敗戦を迎える。一年間の難民生活後開放されて帰国し、故郷の津軽地方へ戻ったものの、地域社会の封建的な人間関係になじめなかった。

沖揚平への入植は帰国した翌々年である。他の入植者たちもカラフトや満州から引き揚げてきた無縁故者だった。新しい村づくりを目指し、だれもが期待に胸をはずませていた。敗戦に打ちのめされ、生活に目標のないまま地域社会で肩身の狭いおもいをしている者にとって、入植は〝新天地〟にむかって歩み出す絶好の機会だったのだ。

「行き場のない孤独な生活から脱した自由な生活が願いだった。開拓が成功するかどうかはわからないし、自分の死に場所をつくろうという気持ちだ」

第一次先遣隊八人のうち存命しているのは葛西さんを含めて二人である。

葛西さんはまた、こうも言う。

「もちろん苦労は絶えないが、しかしここの自然があまりにも素晴らしくて離れられないんだ。とくに冬は最高だ」

用事があって山を下りる時など、途中で暗いじめじめした別の人格に変ってしまうという。山へ戻る途中で、そのじめじめした暗い心が消え失せ、再び清々するのだった。

沖揚平は風光明媚の地である。八甲田の山並みはもちろん、青森湾に臨む青森市街地

沖揚平に待望の道ができると、所轄営林署は民間伐採業者に国有林を売却し、山の自然は荒廃した。道は、現在の国道三九四号線（提供=葛西武弥）。

の夜景をも見渡せる。この土地をねらって進められているのがリゾート開発計画だ。入植者の魂を踏みにじり、死に場所をも奪取するこの計画がもたらす自然破壊や人心荒廃は、もはや近代農業の比ではない。

リゾート法（総合保養地域整備法）が制定されたのは昭和六十二（一九八七）年である。これをうけて翌々年の平成元（一九八九）年には、森林特措法（森林の保健機能の増進に関する特別措置法）が制定された。結果として、リゾート開発の美名のもとで、自然破壊がますます進行した。バブル経済や国民のリゾート指向も、それに拍車をかけた。

「特に、財政赤字に悩む国有林では、森林をリゾート開発に転用して貸付料の増収を図るため、これまで手つかずで残されていた保安林を解除して、ゴルフ場、スキー場、別荘地やリゾートホテル・マンションに転用することが多くなっている。また土石販売の促進のための保安林解除も実施されている」
（藤原信「森林の危機と保全」『森林からの贈り物』所収・東京書籍刊）

こうして行政主導型の自然破壊は、より合法的、かつ偽善的にすすめられるようになったのだ。自然破壊が進行し、自然と人間社会との関係が疎遠になるにつれ、わたしたちは自然を現実のものとして捉えきれなくなっている。こうなると、大多数の人びとに対し、言葉のもつ抽象的観念が、自然という現実を封じ込めてしまう危険が生じる。つまり、自然とともに生きることができなくなった者たちが自然保護を考える場合、その自然観もまた実態を失った観念的なものとならざるを得ないだろう。

「津軽岩木リゾート構想」が承認されたのは、リゾート法が制定されて三年後の平成二（一九九〇）年である。戦争引揚者の苦闘が刻み込まれた沖揚平でのスポーツリゾート開発計画も、その一環として組み込まれていた。つぎに掲げる文章は開発企業の「総合的設計テーマ」だが、言葉が完全に実態を失っている好例といえる。

「計画地全般の建物すべてをヨーロピアン・スタイルで統一することによって、このリゾートタウンを訪れた人々に、日本の国内ではなく、あたかも海外の有名リゾート地に来たかのごとき錯覚を与えたい。／たとえば、雪降り積もる冬にはスイスやカナダを、深緑が萌え、夏草が薫り、紅葉が燃えるそれぞれの季節には、南フランスや、スカンジ《ママ》ビナ、そして、リヒテンシュタインの高原に立っているかの現実を創造する。／また、計画地は単なる施設の集合体ではなく、街づくり『リゾートタウン』として捉える。／なお、開発の目的に加えて、自然環境の保全と調和、地元住民との協調、観光施設業者、その商工業者との相互発展などについて、双方の立場をよく理解し合ってこの事業を進めていくことは勿論のことである。」

開拓地沖揚平に予定されたスポーツリゾート計画の具体的内容はスキー場の開設である。予定地には「十和田八幡平国立公園」の第二種特別地域がふくまれている。保護をはかるべき自然を開発してスキー場にするのは、現実には矛盾している。しかし現実を無視さえすれば「自然と調和した開発」という表現も正当性をおびるのである。事実の裏付けのない言葉や、事実関係をふまえない言いまわしが世間に横行するのは、百鬼夜行の時代を象徴している。そしてそこに巣喰うのは、この国の宿痾ともいうべき金権体質だ。無軌道な自然破壊は、その結果といえよう。

沖揚平のリゾート開発は、バブル経済の崩壊とともに企業が手をひいたことから頓挫した。入植以来の多額の負債をかかえて悩む開拓農家にとっては、土地の売却をあて込んでいただけに落胆の色はかくせない。

「農民は換金にはしってはいけないんだ。自分で生きないと……、行政はあてにできないし」

葛西さんは他律的な生き方を排し、自力更生を説く。

「豪雪で営農期間が短く、ここは農業には不利な土地だ。その不利な条件をどのように解決するか、それが今後の課題だ。いままでは解決できていなかった。自然条件に調和しないひずみが赤字をつくったんだな」

葛西さんは無農薬農法による品質向上に、その活路をもとめている。が、葛西さんだけの尽力で事態が解決するわけではない。たとえば隣りの農地で散布した粉剤が風で飛ばされてくると、それなりの影響は避けられない。

「畑をおこすと、土中の虫をついばむため、たくさんの小鳥があつまってくるんだ。ちかごろは、あつまってくる小鳥の数がすくなくなった」

昆虫も数が減ったという。自然界はあきらかに汚染・破壊されている。

「それでも空気はいいし、秋口にはアキアカネの大群がみられる。空を覆い尽さんばかりの大群が北東から南西の方向へ移動してゆくんだ。二時間ほどもつづくよ」

山間部で成熟したアキアカネが、平地の産卵場所をもとめて移動する道筋になっているのだろう。

沖揚平は豪雪地帯だけに、生気横溢する春の輝きも強烈である。冬期間は二階から出入りしなければならぬほどの豪雪だが、その雪解けの跡地にキクザキイチリンソウやシラネアオイが咲く。葛西さんの家庭では周辺に自生する草花をも生活に役立てている。スギナは煎じて飲む。ヨモギ、ゲンノショウコ、ドクダミ、イカリソウなどは薬草として、あるいは入浴剤として利用する。ブナの実生は畑に寄せ植えして育て、知人に分けあたえている。

葛西さん宅の玄関わきに、入植時に伐り残したブナが数本残っている。そのブナからおちた実生を育てているのだ。

＊

葛西さんが入院したのは、陽光の輝きに春のきざしが漂う三月だった。八十五歳になっていた。咽喉部切開で、入植以来伸ばしつづけた髭を剃りおとさなければならなかった。二カ月間入院した後、医者に見放されて沖揚平にもどった。

それからほぼひと月して、娘夫婦に長女がうまれた。カオリと命名した。親子三代にわたって開拓集落で生きることになるのだが、カオリが入学する小学校も中学校も、沖揚平では事実上、廃校になっていた。対象児童がカオリ以外にいないのだった。

（一九九三年「ビスターリ」、『北の山里に生きる』所収）

津軽大川原の火流し

青森県黒石市

青森県南津軽地方の中心地・黒石市を流れる浅瀬石川《あせいし》にそって国道一〇二号線がのびている。その国道一〇二号線から国道三九四号線が分岐する山間に黒石温泉郷がある。盆地状にひらけたこの山間で、南八甲田・櫛ヶ峰の西麓から流れ出す中野川が浅瀬石川と合流する。

ほかにもいくつかの支流があるが、浅瀬石川やその支流沿いに点在する各温泉は泉質、湯量、泉温ともにすぐれている。しかも周囲の山々の緑深い自然環境と調和した田園風景は明媚であり、県立公園に指定されている。

中野川沿いに続く国道三九四号線を上流へ約十キロすすむと、かつての津軽黒石藩御用マタギの集落・大川原だ。

歴代マタギのなかで、高橋弁慶という名のマタギがとくに有名である。ちかくにある池の平という場所で妖怪を退治したという、弁慶マタギにまつわる伝説があるので、以下に紹介しよう。大正時代の郷土史家・佐藤雨山著『黒石風土記　北黒石の巻』（黒石公民館・黒石史談会発行）からの引用である。

池の平に一つの怪談がある。「池の平の婆」とはここの主で、何時も沼の畔で織物を造る原料の糸を繰っていたという〝四面〟が皆山に囲まれた沼、昔はほとりに樹木が繁り、鳥の鳴声も尋常には聞こえぬといわれた所。この沼辺に糸車で糸を繰る音がして婆は懸命に働いている。これを見た者は怖れをなして直ぐ逃げて了う。此処でこの婆の姿を見た者は家に帰ればきっと気を悪くする。この婆は昔山に捨てられた姥の霊だともいい。又狸の化身だともいわれた。

明治戊辰役の事だとか、黒石に駐在した上方の官軍の一兵士はこの事を聞いて、セセラ笑って曰く、「なアに、おれが退治してやろう。この鉄砲一発で」と当時の精鋭武器（ヨーロッパから払下げ物）のケーベル銃を携えて〝池の平〟へ行った。すると果たして例の婆は例の糸を繰っていた。ここぞとばかりに狙い定めて一発放したが、何の手答えもなく平気の平座でいるではないか。二度三度狙撃しても結局同じ事だった。其うちに身の毛もよ立つ怖さを覚えたので終に逃げ帰って了ったとのことである。

其頃大川原村に『弁慶』という昔の火縄鉄砲が頗る上手なマタギ（猟師）頭がいた。彼は或日この事を耳にし「然らばおれが行って退治して見ようか」といって、例の火縄鉄砲を持って池の平に行って見ると、相変わず婆は糸繰に余念がなかつた。『弁慶』

がよく見ると、婆から数尺離れたところに灯が光っているのをみて「ハハアこの光りだな、かねてうちの老母から聞かされている妖怪の本体とは。ヨシそれでは」と手練の鉄砲を其灯に向けた。ズドーンと一発其灯は消えた。同時に婆の姿も消え失せた。そして其処に大きな一匹の狸が死んでいたとのこと。それからというものは婆の姿を見たという者もなく、又沼も次第に浅せて来て、とうとうこんにちの状態になったのだとさ。

弁慶マタギは実在の人物だ。彼が所持していた狩猟鑑札や、着用した胴着がいまも保存されているという。怪力の持ち主で、川むかいの「ガロナガレ」とよばれる尾根から大石を運んできて墓石にしたのだとか。近年まで、その墓石は共同墓地に残っていたと、子孫にあたる高橋哲男さん（昭和三〈一九二八〉年生まれ）が語っていた。高橋哲男さんによると、弁慶マタギは別家の先祖である。つまり高橋哲男さんは本家の子孫なのだ。

共同墓地は大川原集落の入口にある。付近一帯の地名が門尻と呼ばれていることから、むかしは集落の入口はその反対側にあったと予想される。じっさい、共同墓地が集落の入口にあるとしたら奇妙ではないか。

大川原は落人伝説の里として知られ、古くから「火流し」行事が伝わっている。この火流し行事について、『黒石市史通史編Ⅰ』（黒石市発行）にはこう記されている。

「大川原の火流し」は山形通大川原村に伝わったという盂蘭盆《うらぼん》の祖霊供養行事。十六日夜、萱《かや》と藁《わら》を束ねた三艘の舟の帆柱に火をつけて、地内の中野川に流し、若者衆が川下まで送る。川岸では、笛・太鼓・天平鉦で囃《はや》しつつ随行する。現在は、豊凶占いも附加され、青森県無形民俗文化財である。

十四世紀の南北朝時代に、南朝の落人が戦死者の慰霊のために始めたとも、藩政中期以後に始まったともいわれるが、さだかではない。

火流し保存会会長の高橋久四郎さん（昭和六〈一九三一〉年生まれ）によれば、集落のむかしの入口は、現在のように中野川沿いの下流にではなく、上流の山側にあった。大川原を過ぎた中野川上流に烏沢という枝沢がある。道はその沢を通って、「南部旧路」とよばれる尾根道と、その尾根を越えて隣町の浪岡町細野集落や王余魚沢《かれいざわ》集落へとつづいているのだ。その尾根を、大川原の住民はむかしから「中ナガレ」もしくは「落ちナガレ」とよぶ。ナガレは、この地方では尾根を意味する地形語だ。高橋さんは、落ちナガレの「落ち」は、落人に由来すると語る。

その落人伝説の里・大川原は、江戸時代（文久元〈一八六一〉年）と明治時代だが、二度にわたって大火に遭っている。たぶん二度目の大火以前の頃と思われるが、前述の佐藤雨山は当時の集落のたたずまいをこう書き記している。

「此等の部落は甚だ特徴のある村で、村の重立った家を中心にして甚だしく混雑した家並を造り、何家の入口が何処であるやら不明で、殆ど通路らしい通路がなく、甲の家の軒を通って乙の家に行ったり、乙の家の裏口が丙の家の戸口だったりした。それでこの辺の話に、他所から来た乞食が、七日の間村の中を迷うていたと云う事さえある。」

（『浅瀬石川郷土誌』歴史図書社刊）

いかにも落人伝説の里にふさわしい逸話といえる。住民の先祖、つまり落人は高橋久作と佐藤三之丞の二人の人物と伝えられている。大川原は高橋姓と佐藤姓がほとんどだ。武蔵姓も若干ある。そして落人伝説に関連する文書が昭和五十七（一九八二）年に高橋姓の本家、すなわち高橋哲男さん宅でみつかったのだった。黒石市史編纂のため、市教育委員会から協力をもとめられたとき、高橋哲男さんが資料として提出したもので、文化課に保管されている。それには、南北朝時代、後醍醐天皇の第八皇子・宗良《むねなが》親王を守護した信濃の豪族・香坂高宗の末裔であることが記されている。

高橋哲男さんによれば、その文書は祖父の久作が書写したのだった。いつ、なにを底本にしたのかはさだかでない。文書にはたぶん、うつしまちがいとおもわれるが、いくつかの誤字がみられる。後醍醐天皇の第八皇子のはずの宗良親王が第三皇子になっているのもその一例である。

文書の内容は宗良親王の経歴にかかわる概略だが、静岡県の井伊谷宮《いいのやぐう》に鎮座していることなども末尾に付記されている。もしかして神社の縁起を書きうつしたのではと推量し、井伊谷宮に問い合わせたがちがっていた。

いずれにせよ、その文書には「静岡県」と記されていることからして底本は廃藩置県後に書かれたものにちがいなく、開村にかかわるような由緒あるものではないとおもわれる。

たしかに、その文書にはつぎのようなくだりがある。

「――信濃大河原香坂高宗（高坂トモ称シ子孫津軽ニ参リ大川原ヲ創ス）奉迎シ――略――」

意訳すれば、津軽大川原の住民は、南朝の宗良親王を奉迎した信濃大河原の香坂高宗の末裔だ、ということなのである。が、ふたつの疑問が残る。まず第一に、括弧表記についてだ。底本が廃藩置県後に書かれたことの裏付けにもつながるが、括弧表記などの補助符号は句読点や疑問符、感嘆符同様、近代文学史上の言文一致運動の産物ではないだろうか。だとすれば、それは明治二十年前後の時代である。この文書が開村にかかわる南朝の落人伝説を証明する由緒ある底本をうつしたのであれば、時代的にも元禄時代以前のものでなければならない。括弧表記などないはずだ。括弧表記をつかってつけ足さなければならないことの真意はなんなのか。第二に、『黒石絵図』(元禄四〈一六九一〉年)によれば、その当時大川原は大川平となっている。つまり元禄四年以前は大川原ではなかったのである。

だからといって口碑に残る南朝の落人伝説を否定するものではない。

たとえば『青森県の地名』(日本歴史地名大系2・平凡社)には、大川原村についてつぎのように記されている。

中野《なかの》川上流の山間にあり、黒森《くろもり》山の東にあたる。

元禄四年(一六九一)の黒森御絵図(市立弘前図書館蔵)に「大川平」とある。同七年の黒石平内戌年郷帳(同館蔵)では大川原村になり、享保一〇年(一七二五)の黒石領郷村帳(同館蔵)には「黒石分新村」として大川原村が記される。村人は南朝の落人の子孫と称し、公卿村ともよばれた(烏城志)。明治初年の「新撰陸奥国誌」に「土地瘦田畑少し、常産は薪炭なり」とあるように、江戸時代には木樵・炭焼などの山仕事を主業とし、農業やマタギ(狩猟)を副業としていたようである。大川原のマタギは黒石陣屋に熊の皮と胆を納めていた（浅瀬石川郷土誌）。明和三年（一七六六）の旱魃の夏、中野川上流から外《そと》ヶ浜《はま》方面へ水を引こうとして、浪岡組の人夫が大川原の沢目に数万人入込み、食糧不足で難儀したことがあった（平山日記）。村高は元禄七年の黒石平内戌年郷帳では三五・六石とあるが、天保五年（一八三四）の郷村帳ではわずかに一・一石である。同四年に始まる凶作の影響と思われる。

明治初年の戸数は三二（新撰陸奥国誌）。中野川南岸の倉稲魂命を祀る稲荷神社は元禄五年の勧請と伝える（南津軽郡是）。この村に伝わる火流しの行事は現在では八月一六日に行われ、藁と萱でつくった舟に火をつけて中野川に押流して村内安全・疫病退散を祈り、来年の豊凶を占う。

（著者注）右引用文にある市立弘前図書館蔵の黒石御絵図は厳密には黒石絵図である。

信濃大河原は現在の長野県下伊那郡大鹿村である。大鹿村観光協会発行のパンフレットの「村の沿革」にはこう書かれている。

明治二年廃藩置県の際大河原、鹿塩の二ヶ村として伊那県に属し、明治七年両村合併し大鹿村と称し筑摩県に伴ない長野県となり、明治十五年分村して大河原、鹿塩の二ヶ村となったが、明治二十二年再び合併し今日に至っている。

そしてつぎのような記述もみられる。

南北朝時代、後醍醐天皇の第八皇子、宗良親王が、この地を拠点として征東府を置き、三十余年お暮らしになったことからこれらの史跡も多い。

信濃大河原には、宗良親王を祀った信濃宮神社や、大河原城跡、さらには大河原城主として宗良親王を守護し、北朝とたたかった香坂高宗の墓などが残っている。

高橋久四郎さん一行五人は、文書が発見された年、南アルプス山中の大鹿村へ赴いた。火流しの伝統はなかった。それでも自分たちの先祖が、はるか六百数十年前、この土地から来たのだとおもえばこそ、感慨無量、胸が熱くなるのを禁じえなかったという。

周囲に山々をめぐらす信濃大河原は、津軽大川原と集落のたたずまいが似ていた。落人伝説と火流しの関係を明らかにし得なかったのは残念だが、毎年毎年、繰り返し行われる火流しのうら悲しい旋律を耳にするたびに、高橋久四郎さんは南アルプス山中の小渋川の山間におもいを馳せるのだった。

津軽大川原の火流しは、現在は県無形民俗文化財に指定され、観光行事になっている。この大川原の火流しと似た行事に、石川県・能登半島上大沢《かめぞ》（輪島市）の虫送りがある。害虫駆除と豊作祈願のために藁舟に火をつけて日本海に流すのだ。しかし、農薬散布の現代にあってはその本来の意味は薄くなっている。この点は大川原の火流しも同様である。観光見物客が多く、このため、帆柱の火がすぐに消えてしまわないように、灯油を浸透させて長もちさせる仕掛けが施されている。

毎年、火流しが行われる八月十六日は、後醍醐天皇の崩御にちなんでのことである。いうまでもなく旧暦と新暦のちがいはあるにせよ、南朝の落人の末裔であればこそ、その日にこだわるのは必然の結果といえる。人びとは、書き反故ともいえる文書に記された、信濃大河原香坂高宗の「子孫」であることを信じているのである。それが心の拠り所なのであろうか。

＊

ある年の秋、わたしは信濃大河原をたずねた。高橋さんの話をきかされて、この眼でたしかめたくなったのだ。

飯田線の車窓からみる伊那谷の田園地帯では、りんごや柿が色づき、稲刈りがはじまっていた。幾重にも山稜をかさねた南アルプス山中を流れる小渋川は、深い谷をつく

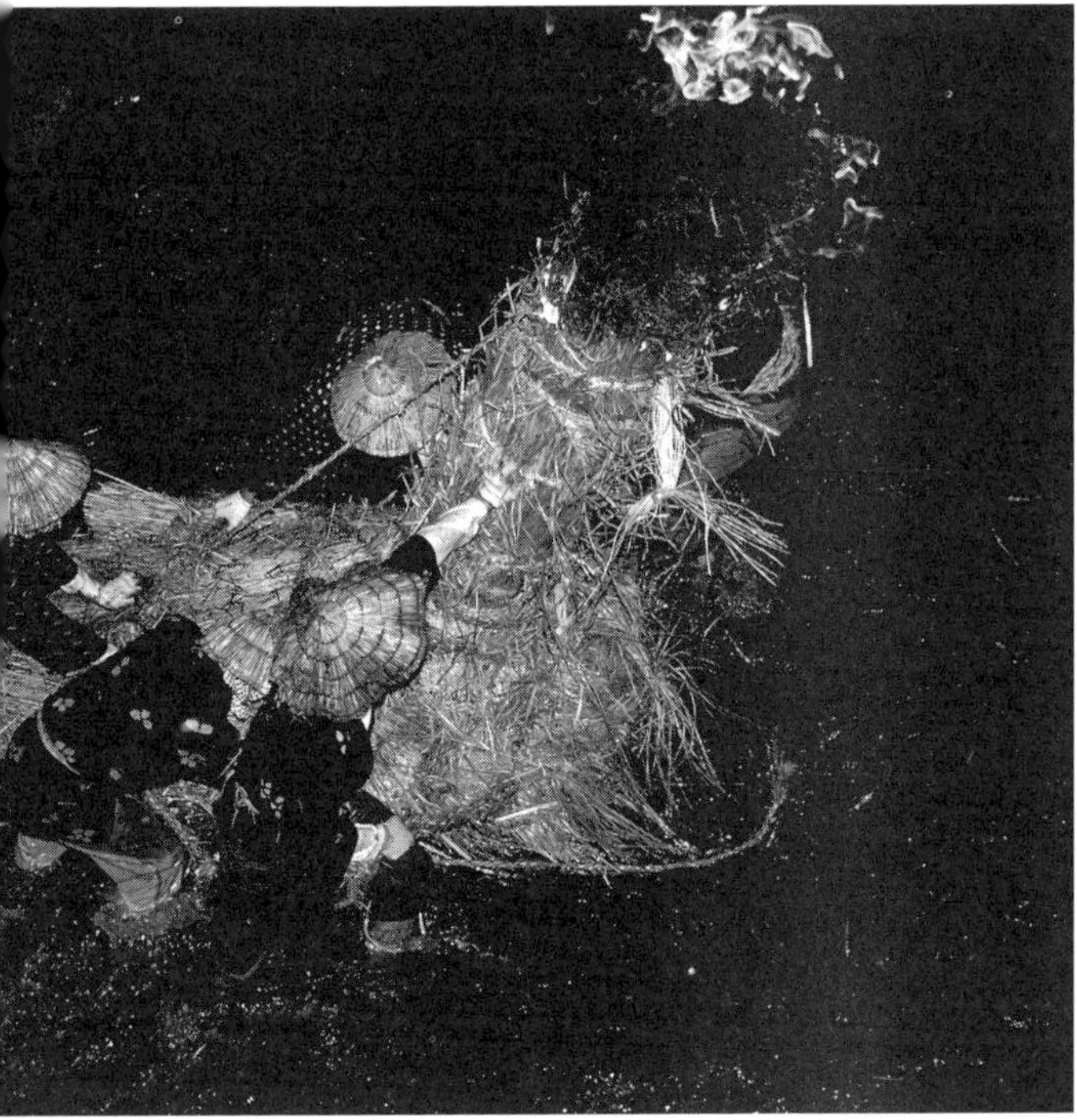

アシガヤで編まれた舟は三艘で、それぞれ早稲・中稲・晩稲にみたてられている。
約三メートルの帆柱に火を燃やし野良着をまとった若者たちが押し流してゆく。

り出している。

急峻な、中央構造線とよばれる大断層が小渋川と南北に交差し、その構造線上にできた青木川と鹿塩川が小渋川に合流する付近の谷間に大河原がある。人口約千六百人。周囲の山の斜面には、ちいさな田畑が耕作され、家々が建ち並んでいる。谷の規模や、その家々のたたずまいからして、津軽地方とはあきらかに異なる典型的な山村風景だ。

昭和三十六（一九六一）年の集中豪雨で五十五余人の死者を出した山崩れの爪痕が、小渋川対岸の大西山の斜面になまなましく残っている。

中央構造線を境にして、西斜面に崩壊地、東斜面に地すべり地形が見られるという。ひとしきり冷雨が降ったあとの午後のひととき、その地すべり跡地にできた上蔵《わぞ》の集落を散策しながら、香坂高宗の墓や信濃宮神社などの旧跡を一巡した。

のどかで満ち足りた秋晴れの空がひろがっていた。日が傾くと谷間に冷々とした影が這い寄る。どうしたことか、道端の、花の散った曼珠沙華をみるにつけ、わたしは旅愁のたかまりをおぼえて、切ない気持になった。

＊

大川原の火流しがはじまるのは、夕暮れ時。集落のはずれにある中野川の段丘につくられた祭壇で、まず最初に神事が執り行われる。招かれた神主が関係者を前に御幣を振りかざし祈禱を捧げるのだ。そののち川原に用意されてある三艘の、アシガヤで編んだ舟（精霊舟）の帆柱に火が灯され、若者がチームを組んで流れに立ちこみ、それぞれの舟を押し流す。舟が三艘あるのは、大川原の血縁氏族とそれぞれ関係しているのではないかと思う。

火流しの舟を流す場所は、土手道から流れに下りていく坂になった川岸で、昔から決まっている。集落の下流のはずれにある墓地の付近が終着点だ。距離はわずかだが、イワナ・ヤマメが棲息する山地渓流である。足場がわるい。夏だから冷たくはないだろうが、夜間に暗闇をついて舟を押したり引いたりしながらの運行作業はけっこう難儀する。急流に足をとられながら必死で舟を操らなければならない。

ある年の夏、中野川でイワナ・ヤマメ釣りを終えて、大川原温泉に入浴し汗を流したあとで火流しを見物したことがあった。そのとき、舟を押し流す若者のひとりに聞いてみた。それによると運行中、流れや川底に突き出た岩に脛を打ちつけたり転倒したりして怪我をすることもあるという。

暗闇の中を三艘の火柱が牽引されていくさまは、川岸の土手道から眺めていると遠くでゆらゆら揺れて、さながら人魂のようでもあった。

笛や太鼓、天平鉦の囃子《はやし》を先頭に村びとが列をなして土手道を随行する。囃子は地底からでも響いてくるような悲壮感を伴い、祖霊を崇めるにふさわしい旋律に聞こえてくる。それはまた、人びとの裡にひそむ古代の心意が地霊と呼応しているようでもあった。

一瞬、このとき感じたのだが、大川原の集落を流れる中野川は霊場と化していたのではあるまいか。もしかしたらその昔、流れに遺灰を撒いたかもしれない。

火流しは精霊流しである。それに伴う地元の伝承は忘れ去られ、あれこれ想像するしかない。中野川の流れは付近にある山寺などの存在を考えれば、山峡の村里から人びとの霊魂が補陀落渡海《ふだらくとかい》に乗りだす場所だったのではないのだろうか。流れに沿って下るにつれ、下流の空と山並がしだいに大きくひらける。茫洋としたそのひろがりは、あたかも大海へ乗りだすかのような錯覚を抱かせる。

（一九九一年「ビスターリ」、『北の山里に生きる』所収）

半夏生の作占い

秋田県・田代岳

　秋田県北部の田代岳（一一七八メートル）では、毎年七月二日、山頂の田代山神社で「半夏生《はんげしょう》の例祭」が行われる。田代山神社は八五二年創建（『田代町史』）といわれ、「白髭大直日大神《しらひげおおなおびおおのかみ》」を祀っている。ほかに、山頂直下にひろがる「神の田」と呼ばれる湿原には、「田代山」と刻まれた碑と、「大日貴命《おおひるめむつのみこと》」「少彦名命《すくなひこなのみこと》」と刻まれた碑がある。前者の「田代山」の碑は「山の神」の御神体として信仰されている。後者の「大日貴命」は別名天照大御神《あまてらすおおみかみ》である。奈良時代から平安時代初期といわれる本地垂迹説《ほんじすいじゃくせつ》の布教による神仏混淆で「大日貴命」は大日如来、「少彦名命」は薬師如来として信仰されるようになり、明治以降の神仏分離の現在もなお、田代岳に参拝する農民はそのように信じて疑わない。

　山上の湿原に安置された、このふたつの碑は、ごく一部の信者以外には、久しくその在場所が知られていなかった。田代山神社の第二十四代宮司武内正俊さん（故人）も知らなかった。

　ふたつの碑を確認したのは、麓の赤川集落で農業を営む北林忠さん（昭和十九〈一九四四〉年生まれ）だ。北林さんは農業のかたわら、秋田県自然保護課から田代岳県立自然公園管理委員を委嘱され、山の自然の保護管理にあたっている。

宮司の武内さんから生前、「山の神」の御神体について、その場所探しを北林さんは頼まれていた。北林さんが「山の神」の御神体を確認したのは平成七（一九九五）年六月だが、武内さんはその前年に亡くなった。その後、「大日貴命」と「少彦名命」の御神体は、翌平成八年に確認している。

平成八年はうるう年にあたる。例年であれば、半夏生は夏至から数えて十一日目で、七月二日に例祭が行われているのだが、うるう年には七月一日が例祭なのだ。

この「半夏生の例祭」には「作占い」と称する、その年の農作物の豊凶の占いが宮司によって行われ、前日から多数の農民が集団で幟《のぼり》を立てたりしながら農作祈願にやってくる。宮司の故武内正俊さんにうかがったことがあるのだが、田代岳での半夏生の例祭は、はるか千年のむかしからつづいていて、秋田県の県北地方や青森県の津軽地方のほか、岩手県の北部内陸地方からも農民が押しかけてくる。前夜祭は「宵まつり」と呼ばれている。ときには、飲めや歌えや踊れやの狂騒の宴が張られることもある。津軽地方の農民が、とくにたち騒ぐのが好きらしい。あくる日も山頂付近の草原で、笛太鼓を打ち鳴らし、各地の獅子舞いが繰り出す。昭和四十六年から復活したという「豊作万歳」

（註）も登場する。

これまでに一度だけ、半夏生の例祭にわたしも行ったことがある。四十数年間欠かさず登拝しているという、津軽地方から来た老年の男女一行といっしょだった。その一行によると、田代岳には「田代白髭の神」という稲作をつかさどる神が祀られているのだとか。晴天にめぐまれ、一行はたわいない猥談をしながら歩いていた。ほとほと感心するのだが、おおむね津軽の衆は猥談をして呵々大笑するのを好みとするようだ。

「クマが出るぞ」

「穴グマかな」

「おめえの穴っこさはいるんでねえが」

うわっはははうわっははははあ……、といった塩梅だ。

ダケカンバやササがあらわれるようになると、山々の展望がひらけ、汗ばんだ肌に、風が心地よい感触をのこして吹きぬける。

山上の草原は老若男女多数の登拝者で混雑していた。主として酒類を売る仮設販売所もある。

農民たちは山上の湿原や草原で、ワタスゲを摘んだり、ササを鎌で刈り取ったりして、それを持ち帰って自分の家の田圃の水口《みなくち》にさして豊作を祈願するのだ。そうした農民た

田代岳の九合目付近にはひろびろとした湿原がひらけ、散在する大小さまざまな形の池塘にミツガシワが繁茂している。ほかにも各種高山植物が群生し、訪れる者をたのしませる。ウグイスのさえずりもきこえ、遠方には岩木山がみえる。

ちの、山頂付近一帯でワタスゲやササを採取している光景は、背後に展開する山岳風景とあいまって雄大かつ牧歌的、そして神聖である。

山上の湿原には大小百以上もの池塘《ちとう》が散在している。その池塘に繁茂するミツガシワだとか、湿原のミネハリイだとかの生育状況、ミネザクラの花の咲き具合、加えて天候や、山全体のその年の自然環境状態を総合的に参考にして「作占い」は行われるのだ。

二十数年間、この「作占い」を見つづけてきた北林さんによると、つぎのような順序で、占いは前日の夕方に行われる。日没を合図に、氏子たちが先頭に立って法螺貝《ほらがい》を吹き鳴らしながら宮司を山頂の田代山神

社から湿原の池塘に誘導する。そこで最初に「山の神」の御神体に参拝し、その後、「水量見の田」「晩稲の田」「中稲の田」「早稲の田」と呼ばれる池塘をまわり、最後に「賽護打の田」で賽銭に和紙をつけて三回放り込む。

帰途、「大日貴命」と「少彦名命」の御神体に参拝するのだが、だれもが口をきいてはならない。

そして翌七月二日、宮司は氏子たちに田代山神社で占いの結果を告げるのである。

＊

田代山神社第二十四代宮司武内正俊さんが七十二歳で亡くなったのは平成五（一九九三）年六月三十日深夜。翌日からはじまる「半夏生の例祭」に備えての斎戒沐浴中、風呂場での出来事だった。死因は心臓麻痺。水風呂に平伏した姿勢で沈んでいた。

その前日の夜、食後の家族団欒のなごやかなひとときに、武内さんは長女の朋子さん（昭和十九〈一九四四〉年生まれ）にこう話している。朋子さんが台所に立って、食後のあ

地元、山田小学校の学校登山と重なり、山上の草原は盛況を呈する。各種催し物が繰りひろげられ、豊作万歳もそのひとつだ。背景は岩木山。満ち足りた季節だ。

とかたづけをしているときだった。

「孫が一人前になるには最低七年はかかるだろうし、その間、石にかじりついてもがんばるから、なんも心配しなくていいよ」

当時、朋子さんは地元鷹巣《たかのす》町（現北秋田市）の中学校で国語の教師をしていた。朋子さんには一男一女がいるが、長男が高校二年生、長女が高校三年生になっていた。

「父は、最後の最後まで、家族をおもって力尽きたんだな、って。その父のおもいをたいせつにしたい。父はつねづね氏子さんには感謝していたし、宮司が亡くなっていちばん困るのは氏子さんです。父の遺志を継いで、だれかがやらなければならないのだし、父の敬神の念を息子に伝えるというのであれば、他人に頼むのではなくて、わたしが受け伝えれば、父も満足するのではないでしょうか」

朋子さんの気持ちは真摯であり、発言内容にも知慮分別が感じられた。

「決意するとか、悩むこともなく、気持ちはごく自然にかたまっていました。主人も賛成してくれました」

朋子さんは国学院大学文学科在学中、漠然とではあったが、将来なにかに役立つのではと考えて、神道学科をも聴講していたのだった。病弱だった弟が亡くなった昭和四十（一九六五）年、みずからのかなしみと両親のかなしみを慰めたいという、そのかなしみの狭間で動揺しながら神職の資格をとった。

しかしその後、教職に採用になり神職を継ぐ気もなく、その資格をもっていることすら忘れていたという。

武内朋子さんは父の死から二カ月あまり後の九月五日付で、第二十五代宮司になった。田代山神社では初めての女性宮司である。

が、ただちに作占いができるというわけではない。父と親交のあった、比内町の大日神社の神成幸忠さんが四年間、代理をつとめた。

名実ともに、田代山神社宮司として、朋子さんが作占いをしたのはことし（平成九〈一九九七〉年）である。

「息子が一人前になって跡を継ぐまで、なんとかがんばります」

その息子も、いまでは国学院大学神道学科の三年生になっていた。

「大学卒業したら、どこかの神社に奉職させて、一人前になるには十年はかかるでしょう」

息子に期待する朋子さんの意思は鮮明である。母として、というより、代々神職の家柄だからなのではあるまいか。

（註）この万歳は、大館市下代野在住で秋田県議の石田寛さんが復活させた。万歳の詞章は本来卑猥なものが多い。しかし現在復活しているのはそうではなく、以下のようなものである。

（『大館市史』からの引用）

太夫　「東西、東西」本年は満々作について上方参詣に上ろうと思う。いや、おさいのさいの才蔵、おらぬか才蔵。

才蔵　ハイ、ハイ、おりましたよ、おりましたよ。太夫さんの御用とおっしゃいましては、とりものとりおいて、チョッコラチョーと出ばなしてそうろう。

太夫　そなたを呼ぶのは別人にあらず。当年は満々作について上方参詣に登ろうともう。オット才蔵、だんごう致しましょう。

才蔵　めずらしきだんごふるまい。なら、この才蔵、すきなのでお手伝い致しましょう。

太夫　談合と言うのは、のみ気、くい気の物ではなし。

才蔵　赤き物か、白き物か。

太夫　赤き物でもなし、白き物でもなし。太夫の胸と才蔵の胸と胸とが、しっちり、がっちり合わせて、中より了見のいずるを物の談合表《ひょう》じ、じっとした物である。

才蔵　「ウフフ、アハハ」あんだらもの、ふんぎゃらがして、だんごにしたものか。胸と胸と合うたら、腹と腹と合ったら、へそとへそと合うはず。へその下の六寸棒、その下は何と言う太夫さん。

太夫　何だ才蔵、そそうなやつだ（たたく）。

才蔵　たたかれまして気がつきました。御万歳のその数は、表六番、裏六番、合せて十二番の御万歳、やつりき、神力、今日は文力、吉原においてはお江戸万歳、なよし万歳、上り下りはしててんてん、野郎万歳、数、大きな子に、大いし、はじまり神力万歳、それでようござんすか、太夫さん。

太夫　チョット良い所に気がついた。神力とは文字に書いて神の力と読む。それをとろりと申そうなら、七福神の　おん喜び、貧乏神はさらりさっと逃げて行く。

才蔵　オット太夫さん、銭、五文下さい。

太夫　その銭何にする。

才蔵　あんだら貧乏神、裸足でやられようか（太夫が才蔵へ銭をやる）。わらじ銭に致します。

二人　ありがたかりけり、神力の（語尾をのばす）ししいもあらたにおわします。御身はしゃこうのはしまるには、（歌）天照大神かあてについて、初めて、「二本（太夫）」、「四本（才蔵）」にわたらせたんのう。

太夫　何だ才蔵、太夫が二本と言うに、才蔵が四本という因縁は。

才蔵　オット太夫さん、おっしゃいますな。この才蔵も四本と言う因縁があって四本と申しました。

太夫　その因縁は。

才蔵　この才蔵も立てれば二本、太夫さんも立てれば二本、二本に二本で合せて四本、がいにせがれば、中のこれこれと六本御座居ます。

二人　（歌）そこは違うた、合点合点、火の元には池がある。池の中には弁ざ天皇、つると亀とは舞いをまわる（語尾をのばす）

太夫　あらあら御万歳もととのうた。よごに変った良き話しはないか、才蔵。

才蔵　ハイ、ハイ、ありましたよ、ありましたよ。太夫さんにおうたら話を語ろうと、語ろうとおもいまして、さて、又、良い所でハナにかかりました。

太夫　何だ才蔵、そそうな奴だ。ハナにかかったのではなく、おめにかかったのであろう。

才蔵　オット太夫さん、おっしゃいますな。ハナにかかったも、おめにかかったのも目と鼻とは一寸ならでございましょう。それはそうとこの才蔵も吉原に行きたいと思いまして、金をためだん、ためだんたまらん、たまらん、奥様方や、姉さん方のもちあげつきあげを、かりもうして、ようよう一両ばかりをため申した。

太夫　それからどうした。

才蔵　かの一五日の晩まいりましたれば、いくともなく、さかずきが出ました。酒のさかなに卵かやき、この才蔵も好きなんので、三皿も四皿もさりこみました。

太夫　それからどうした。

才蔵　さてお客さん。こちらへ、こちらへ（太夫を引く）と、こういうあんばいにして引っぱりました。こんなに大きなふとんをどさらとしき、こんな長いまくらをどたらとおき、さて、あの上かと、この才蔵も喜びました。

太夫　ウーム、それからどうした。

才蔵　寝ると間もなく、こういうあんばいにして、シテンツク、シテンツクとやりました。さて、お客さん、夜が明け、鳥が渡りました。夜が明けてはもっての外だと思いまして、この才蔵も帯をそそうにぶんまわして、チョイト外へ出て見ましたれば、夜明けがらすでなく、かの月夜がらすでした。こりゃ、ニックイ、ニックイ奴だと思って、かの文ごで帰りました。

二人（歌）　あの村先の村がらす、かわいなかわいとなかにくい。

太夫　あらあら、御万歳もとどのうて、千秋楽に帰りましょう。千秋楽には、なにを呼ぶ、万歳楽には命を呼ぶ。
あいにあいおいの松こそ目出たかりけり。
獅子しょもう。

（一九九八年『北の山里に生きる』所収）

Ⅱ 白神の恵みの森

春とともに

春は海からやってくる。

白神《しらかみ》山地の西端、日本海に臨む岩崎村（現深浦町）の住民は、日々の生活を通じてそう感じている。それはいまも昔も変ることのない住民の季節感である。

北風が吹き荒れ、時化《しけ》がつづく一月の海も、二月になると心もち様相が変化する。気温が低くても海は凪《な》いでくる。吹雪も弱まる。このころには岩海苔も成長し、どことなく穏やかな雰囲気がただよう。かりにふぶいたとしても長つづきはしない。

三月、それまでの鈍色の空に変って青空ものぞかれ、海が光る。白神山地はまだまだ雪に埋もれ、雲に閉ざされていることも多いが、麓ではフクジュソウが雪解け跡地に黄色の花を咲かせる。地元の小・中学校では卒業式がはじまるのもこのころだ。卒業した生徒らにとって、その思い出とともにフクジュソウは印象に残る花である。

日本海岸の岩崎村から白神山地をへだてた東端の西目屋《にしめや》村などの山村では、フクジュソウが花を咲かせるのは五月だ。直線距離にしてわずか三十キロほどしか離れていないのだが、海岸部と内陸部では開花期に二ヶ月ほどのずれがある。このずれは雪解けの時期とも適合する。

それほどに日本海側の沿岸部で春の訪れがはやいのは、対馬暖流の影響による。日本海を北上するこの暖流は、津軽西海岸では秋田県境の須郷《すごう》岬付近でもっとも潮流が接近し、そのため暖流の影響も著しいといわれている。つまり、比較的暖かい津軽西海岸の中でも、須郷岬付近ではとりわけ春の訪れがはやいというわけだ。むろん雪解けやフクジュソウの開花だけでなく、山菜が芽吹くのもはやい。須郷岬付近にかぎらず、山菜の仲間ではカネシロ（アサツキ）が一番はやく芽を出す。酢味噌和えにすれば酒肴には最高である。

こうして春の味覚を伝える山菜はカネシロにはじまりボンナ（ヨブスマソウ）、アイコ（ミヤマイラクサ）、シドケ（モミジガサ）、ウドなど続々と芽吹く。とくにボンナはほかの山菜と違って、沿岸部から白神岳の山頂部にかけてひろく分布する。他方、たとえばきわめて一般的な山菜として知られるミズ（ウワバミソウ）は、春から秋まで採取できる期間は長いが、一定の標高以上では見当らない。岩崎村の住民によると、その限界は標高五百メートルだとか。

春、山菜採りのころは、吹きつける風の肌ざわりもやわらかく緑も鮮やかで、のどかな季節である。陽当りのよい尾根筋の樹々の枝先で萌え出た緑が、山頂にむかって這い登る。陰となる沢筋には雪渓が残っていることも少なくない。雪解け水は奔流をなし、林床に咲く草花は、微風に小刻みに揺れながら可憐な美しさをみせつける。エゾエンゴサク、カタクリ、キクザキイチリンソウ……。新緑のブナ木立の中につづく昔ながらの細々とした杣道《そまみち》をたどると、目につく草花と、ほかにきこえてくるのは小鳥のさえずり、新緑の樹冠を渡る風音、雪解け水の奔流音……。立ち止まって深呼吸すると、自然の霊気が胸いっぱいに入ってくる。

山腹を点綴する新緑は時々刻々とその色彩を濃くし、山頂めがけてひろがってゆく。私はそのとき、展望の得られる台地で、カツラの巨木の根元に腰をおろし、対岸の様子を眺めていた。新緑の山腹に写し出された雲の影が移動してゆく。

私は土地の猟師に同行し、あわよくばクマを観察しようとおもって来たのだった。背をもたせたカツラの巨木は丸型の小さな葉をつけたばかりで、見上げるとまばゆい青空を背景に、その枝先には清浄の気がみなぎっていた。

「山が青くなってしまったな」と猟師が言った。この二、三日つづいた陽気で色彩を濃くした緑が対岸斜面の中腹までひろがっていたのだ。その緑の山腹にキタゴヨウの濃緑が点在する。

この二、三日が勝負らしい。あと二、三日もすれば、緑は山頂まで這い登ってしまう。

ブナの芽吹き。このあと雄花、雌花が分かれ出る。

そうなるとクマを探すのが難しくなる。

「去年、ミズナラが豊作だったから、林床に落ちたそのミズナラの実をほじくり出してクマは食べているかもしれない。だとすれば芽吹きのブナの木に登らないかもしれないなあ」

猟師は双眼鏡をのぞき、対岸の斜面にクマを探し求めつつ、独り言のようにつぶやいた。対岸の山の斜面の中腹まで這い登った緑と、それより上部のまだ芽吹き前の樹林帯との境界付近にクマはつく。土地の猟師が「花芽」と呼ぶ、淡緑色の新芽の部分がクマの好物だ。木によじ登って、その枝先の花芽を引き寄せて食べる。

「青草《あおくさ》の芽も好んで食べるよ」と猟師が説明した。

私は斜面に身体を横たえて目を閉じ、その話に耳を傾けていた。しばし目を閉じたのち見開くと、空の青さが黒ずんで見え、新緑もひときわ鮮やかに、風景が輝いて映ることをそれまでの経験から知っていたので、そのことをたのしんでいたのだった。

クマは朝方と夕方の、日に二回、ブナの木に登って花芽を食べるといわれている。

「ちかごろはクマの数が減った。山が小さくなったんだよ」

クマの姿をなかなか発見できなくて、嘆いているようにもききとれた。山が小さくなるわけもないが、その意味は森が少なくなった、ということなのだ。原因はいうまでもなく略奪的伐採にある。

私は上体を起こし、対岸の斜面を眺めた。西に傾いた日の光が峰の頂きを照らし出し、沢沿いの下方の斜面に陰影をつけていた。昔から、春先の芽吹きの季節になると、白神山地の奥地から、南むきになった日当りのよい対岸の斜面にクマが移動してくるのだった。この地方では春先、クマは北むきの斜面にはつかないらしい。地元の猟師はその習性をよく知っていた。

それでもクマの数は圧倒的に減少しているので、なかなか発見できないのである。

「昔にくらべると自然はめちゃくちゃ壊されてしまったなぁ」

私の知り合いのその猟師によると、破壊されたのは、もちろん森だけではない。伐採によって土砂が川に流入し、いまでは、村のすぐそばを流れる川の底石を素手でつかみ起こすことができないのだとか。石の表面を覆った泥で手が滑ってしまうのだ。昔は川底の石の表面はざらざらした感触で、いくらでも素手でひっくり返すことができたのだった。

「それだけ汚れてしまったんだな。魚だって、アユはもちろん、イワナ、ヤマメ、たくさんとったもんだ。マスやサケもずいぶん海から溯《さかのぼ》ってきたなぁ。マスはずうっと源流部まで溯っていたよ」

白神山地が日本海に接する津軽西海岸から秋田県北部にかけての海岸沿いの住民は、そのほとんどが山と川と海との恵みに依存して暮らしをたてている。だから日常的に、漁民であっても山へ行って山菜を採ったりクマを撃ったりすることもありうる。林業従事者の漁民もいないわけではない。昔なら、林業と漁業、たとえば炭焼きと漁師の兼業もあった。おなじ「リョウシ」でも漁師と猟師をかねている住民も珍しくはなかった。現在、時代の変貌とともに分業化したとはいえ、依然として、地元地域は住民の暮らしにただよう季節感も含めて、周辺の自然環境と分かちがたく結びついている。

都市型生活者と違って、ここでは自然を眺めたり自然におもいを寄せていたりするだけでは生きていけない。四季おりおりの山菜やキノコを採取したり、木を伐採したり、野生鳥獣を撃ったり、魚を採捕したりする。要するに狩猟採集が必要なのである。その自然とのかかわりが地元住民の文化であり歴史だった。

白神山地は豊饒《ほうじょう》の森である。ほとんどの場合、地元住民がその森に破壊をもたらすことはありえない。たかが知れた慎しやかな利用に過ぎなく、自然破壊は、その恵みの豊かさゆえに保障されている自分たちの生活をもおびやかす原因になるからだ。理屈ではわからなくても、地元住民は体験的にそのことを知っている。

もうすっかり山頂からも陽光は消え失せていた。谷間からしのび寄る陰影が山頂を覆い尽くしてしまったのだ。その背景に青空だけがまばゆく黒ずんでひろがっていた。

私らの居場所もかげり、肌寒くなった。猟師はヤッケを着込んで、

「あそこにいるよ」と言った。

さきほどからクマを発見していたのだった。

言われた方向を双眼鏡でのぞくが、私はすぐにはクマの居場所をみつけ出すことができない。

「どこですか」と何度もきき返し、それでもわからないので、しまいにはノートに略図を書いてもらって説明をうけた。

「あそこの岩場の下の方に三角形をした岩があるべ。その三角形の岩の斜めに溝の入ったあたりから、右のほうへずうっと横切った地点の、あんまり大きくないブナの木に登っている。親仔づれだ」

なるほど、黒々とした二頭のクマが、数百メートル離れた対岸の沢沿いの斜面の木に登っていた。上の枝にいるのが仔グマで、母グマは下方の幹に登っていた。私が双眼鏡でみても、せいぜい大小がわかる程度でしかないのだが、猟師は肉眼でもみつけることができる。肉眼でみつけたのち、双眼鏡で確認するのだ。

「あれ、もう一頭、下の草つき斜面に大きいのがいるな。あれだバ、かなりでかいぞ」

そう言って、猟師は双眼鏡で確認した。

「うーむ、でかいな。雄だな、百二、三十キロはあるベナ」

雄グマのねらいは母グマである。交尾を求めてきたのだった。「明け二歳」といって、仔グマは二歳を過ぎると母グマと別れて独立する。雄グマは母グマをねらってきたのだが、その仔づれの母グマは、雄グマが接近するたびに木から降りて威嚇し追い払う。雄グマは、それでも執拗につきまとっていた。

通常、仔グマは二頭生まれる。しかし一頭が死んだりして一頭の場合もある。その例が、いまの場合だった。例外として仔グマが三頭生まれることもある。この場合は「四ツグマ」と呼び、とり尽くすとたたりがあるとされ、かつての伝承的マタギの間ではとり尽くすことは厳禁されていた。しかしそうした伝承的マタギはいまでは死去し、それとともに山の戒律や伝説なども消滅しつつある。

現在、白神山地では、世界遺産登録後、かつての伝承的マタギに変って観光マタギが登場した。マタギを僭称し、観光客相手に商売しているのだが、善意と無知にみちた観光客のほとんどは観光マタギと伝承的マタギを峻別できない。同様に、たとえ大学教授であってもマタギを定義できずに牽強付会の説を唱えているのが白神山地の現状である。その理由は簡単だ。ほんもののマタギに会ったことがないからである。マタギと猟師は違う。

もはや白神山地周辺の集落には伝承的マタギなど存在しないのだし、そのことがまた観光マタギの商売上の余地であろう。それは観光地に登場するみやげ売店のようなもので、所詮、世界遺産のブランド性に便乗した商業主義の現われに過ぎない。

白神山地の世界遺産登録をめぐるこうしたある種の俗化現象の中で、私の知り合いの猟師は惑わされることなく、昔ながらの猟場に出かけていた。彼の父も祖父もマタギだったが、彼自身はマタギとしての伝承も山の戒律も身につけてはいない。それはいかんともしがたい時代の趨勢であろう。

彼は三十数年間のクマ撃ち歴を通じて、一度だけクマを射獲できなかった年があった。彼の猟場は集落の周辺にかぎられていた。毎年、新緑の季節になると、クマが白神山地の奥山から移動して来るのを待って、出猟するのだ。クマを求めて奥山に出かけてゆく必要もなかった。

クマ撃ち人生を振り返って、クマの数が減少していることを知った彼は、最近になって、親仔づれは射獲しないことに決めていた。クマが絶えては元も子もない。もっぱら、仔づれの母グマに接近する雄グマや、単独のクマが彼の標的になっていた。

日陰になった山の斜面に、仔づれの母グマにつきまとう雄グマの姿をみつけたとき、私はその猟師が勇んで射獲しに駆けつけるのだとおもった。しかし私の意に反して、猟師はなにやら逡巡していた。すでに暮色蒼然としていたし、距離も遠過ぎるのかもしれなかった。

猟師は舌打ちをした。しばらく双眼鏡で眺めてクマを観察したのち、「今日は諦めよう」と言った。

「どうしてですか」

「暗くなり過ぎた。明日にするべ」

気乗りしないふうだった。

「もしかしたら今年はクマをとれないのかもしれないな」

猟師は神経質そうに顔をゆがめながら、そうつぶやいて銃をかついで家路についた。途中、沢伝いにのびる道のそばで、ミズの若芽を採取した。晩のおかずである。

帰宅したのちも猟師は浮かぬ顔で酒を飲んだ。仲間が射獲したのだというクマ肉とタケノコの油妙めを肴に、ちびちび酒をすすりつつ、自分とはべつの猟場に行った仲間のことを考えていた。仲間はまだ帰宅していなかった。

夜半過ぎ、雨降りの中を、その仲間が山から降りてきた。クマを撃ちとったのだが、搬出途中で沢にかかった滝の通過に難儀して、そのまま置いてきたので明朝出なおすという。私の知り合いの猟師は親分格であり、同行することになった。皆、お互いさまなのである。

あくる日、朝食前にはクマの搬出作業を終えて猟師らは帰宅していた。雨が断続的に降りつづいていた。垂れ込めた雨雲が、集落のむかい側の峰々を閉ざし、梅雨時をほうふつとさせるような空模様だった。

「この雨で山が青くなってしまうな。まずいな。この一両日が勝負なんだが。今年はダメかもしれないないな」

猟師は居間から窓ガラスのむこうの山を眺めて言った。その夜ははやくに就寝した。

翌朝、雨があがって、澄み渡った青空に映えて山々の新緑が輝いていた。猟師は銃を点検し、弾帯と尻皮を腰につけて山に入った。道端の草花や山菜も、一昨日にくらべて著しく成長していた。一昨日萌芽していたコゴミ（クサソテツ）は、そのゼンマイ状の頭部を十数センチももたげているのだった。

天気のいい日は、腕時計や銃身に反射する光でクマが逃げるという。猟師は細心の注意を払って周辺の山々をうかがいながら、雪渓を登って一昨日とおなじ場所に到着した。カツラの巨木の枝々の先に、萌え出た丸型の葉もだいぶ大きく成長していた。そのカツラの巨木の根元に尻皮を敷いて腰をおろし、対岸の山腹に猟師はクマの姿を探し求めた。

親仔づれのクマは、陽光をうけて輝く新緑のブナの枝に登っていた。一昨日とは違う場所だった。仔グマの下方に母グマがついていた。双眼鏡でのぞくと、黒光りするふたつの丸くなった塊がのび縮みしたりして変型する様子がわかった。ブナの枝先に萌え出た花芽を食べているのだろう。雄グマの姿は見当らなかった。交尾を求めて執拗につきまとった挙句、母グマに撃退させられたのかもしれない。猟師は、しばらくその姿を探したが見出すことはできなかった。そのうち親仔づれのクマも木から降りて姿を消した。猟師の推察だと、尾根を越えて反対斜面に行ったのだった。そこはヤブが密生し、獲物が逃げ込むと探し出すのに容易でない。それだけに動物の逃げ場所になっており、そこに逃げ込んだ動物を猟師らは追うことはしなかった。

「今年はダメだな。帰るべ」

もし今年クマを射獲できなければ三十数年間の猟師生活を通じて二度目だった。射獲したクマは毎年、集落の小学校の運動会でクマ鍋として出され、生徒をはじめ父兄や先生を喜ばせていた。運動会は六月の農閑期に催される。

ひと月ほどして恒例の運動会は開催された。クマ鍋は出なかった。いうまでもなく獲物がなかったのである。

猟師の家の前を通りかかったおり立ち寄って聞いてみると、猟師は土方仕事に出て留守だったが、祖母が応対し、今年はクマをとれなかったことを話した。

「残念だけど、相手は生きものだし、こればっかりは仕方ないの」と笑っていた。

（一九九五年『白神山地　恵みの森へ』）

ある山菜採りの山がたり

「各自がトランシーバーを持って巻き狩りでクマを撃つなんて、あんなのは狩猟じゃなくて戦争だもんな」と笹森文城《ふみき》さん（昭和二十二〈一九四七〉年生まれ）が言った。

「しかもライフルでさ。動物に逃げる機会さえも与えずにだよ。結局、自然界でモノをとるとすれば、いくら名人といっても、たとえ獲物がクマでも魚でも、確率はそんなに高いもんじゃないんだ。その程度であれば獲物も枯渇することもないだろうに。追い詰めて、あんなとり方じゃ、いなくなるよ」

笹森さんは山菜やキノコを採りには山に分け入る。狩猟はしない。笹森さんのホームグランドは笹内《さざない》川流域だ。

その笹内川沿いの段丘に笹森さんの家がある。笹森さんは中国の大連《だいれん》生まれである。両親や兄弟とともに岩崎村に引き揚げてきて以来、子供のころから、白神岳周辺地域の自然に慣れ親しんできた。子どもにとって、遊びの対象は自然とはいっても山だけにかぎらない。笹森さんは小学生のころ下校後、ちかくの水路へ行って箱メガネで水中をのぞくのが好きだった。水路は笹森堰と呼ばれ、笹森さんの先祖によって、江戸時代前期の天和年間に灌漑用に笹内川支流の新谷沢《しんや》からひかれたのだった（『岩崎村史』上巻／笹森勘解由左衛門建房）。その水路にはアユやヤマメ、イワナなどが多数まぎれ込んできていた。いまとは比較にもならぬほど水量が豊かだったし、笹内川本流も、ひろい川原を蛇行しながら海に流入していた。いまはその本流でさえ、なかば水路と化し、しかも少量の濁水が直線的に流れているだけで、往時をしのぶ影もない。

当時、子どもらは「バック」という漁法で魚をとっていた。竹ののべ竿にイトを中通しにして、その先端につけた三本針で魚をひっかけるのだ。イトの一方の先端にはゴム紐が結びつけられていて、三本針にかかった魚が暴れて逃げようとすると、クッションの役割りを果たす仕組みになっている。アユ、ヤマメ、イワナの中で、ヤマメが一番敏捷なのでひっかけるのが難しい。

子どもらにとって、アユが小遣い稼ぎになるのでもっぱらのねらいだった。良型で型揃いのアユを日に数十尾はとっていた。業者が買いつけに来るのである。中には相手が子どもだとおもって小バカにし、値切り倒すあくどい業者もいる。子どもらはそうした業者にときには仕返しをした。アユの口から小石を何個も押し込んで目方を重くして売るのだ。

「あのころ、ずるい業者がいてな。俺たち子どもをやすめる（軽んじる）んだな。子どもだってバカじゃないし、黙ってはいられないよ。しかしあのころはいい川だったな。曲りくねって流れ、あちこちに魚の休み場があった。どんな名人だって、とり尽くすなんてことはとてもできないんだ。子どもらも魚をとって、けっこう遊べたんだな」と笹森さんはしみじみ述懐する。

子どもらは川原で焚火し、集団で遊びながらアユをとっていた。たまに教師が自転車で巡回に来ることもあった。「いいアユがとれたかな。たくさんとれたかな」などと言って、もの欲しそうな態度をみせるので、子どもらは教師に分け与えることもあった。ときには「先生にちょっとくれないかな」と猫なで声で言う教師もいたという。

バック漁法でアユの腹に針をかけると売りものにならない。そうしたアユは巡回の教師にくれてやったり、二枚にひらいて陽当りのいい岩にのせて乾し、家に持ち帰って食べるのだ。

豊かだったころの川の自然は、子どもらにとって格好の遊び場だった。夏の季節のアユやヤマメやイワナにかぎらず、春に雪解け水が出るころ海から溯上するアメマスやサクラマスも、子どもらの遊びの対象になっていた。イワナの降海型がアメマスであり、ヤマメの降海型がサクラマスだ。奥山で雪解けがはじまるころ、群れをなして、産卵溯上するのである。

子どもらはそのアメマスやサクラマスをねらって淵にもぐってヤスで突く。水中でマスは列をなして群泳しているのだった。子どもらはウェットスーツなどを持っているわけもなく、雪解け水の流れに素っ裸でもぐるのである。冷たくて、十分も水中にひたっていれば、もはやがまんも限界に達する。それでも三キロほどもあるマスを十数尾はとるのだった。マスはアユよりも高値がつけられていた。小遣い稼ぎをかねて、徒手空拳ともいうべき素朴な漁法で、子どもらは豊かな川の自然に感応していたのではあるまいか。

笹森さんは、古代や中世の遥かな昔から連綿と、自然の中で人間が必然的に培ってきた能力を、自身の生き方のうちに宿している数少ない一人である。

笹森さんによると、バック漁法で大物のマスをとるときは、たとえばイトが細くて、とり込み中に暴れて切られる心配のある場合、要領を得たやり方がある。胸ビレのつけ根をひっかけるのだ。そうすれば暴れることもなく、かけられたマスは抵抗できずに上がってくる。ヤスの場合は、腹部を突く。そのときマスは瞬間的にすばやく逃げるが、しかしあとがつづかない。流れの穏やかなところで腹部を上むきにして死ぬしかないのである。

また、ノウサギとりの場合、罠《わな》は針金を輪にしてつくるのだが、その罠にかかったノウサギが暴れて針金が切れたりする。それを防ぐために罠をつなぎとめた支柱が抜けるようにしておくのだ。逃げたノウサギの足跡が雪面に残っていると追いやすいのだが、新雪が降って消えてる場合は、罠の地点より下方の斜面を探すにかぎる。上方の斜面へは決して逃げないのだ。同様に、山菜採りなどが遭難した場合も、疲労困憊して無意識のうちに山を下る例が多いといわれる。

要するに、獣も人間も移動しやすい場所を選択するということなのだ。タケノコ採りに行ってヤブをこぎ分けていると、それがわかるのだとか。

笹森さんによるとこうである。

「大峰岳《おおみね》の直下の台地へ行ったときだが、タケヤブの中に獣道がつづいていたんだな。注意してみると、その獣道の周辺では、クマがことごとくタケノコを食い散らした跡があるんだ。俺は歩きやすいから知らず知らず獣道に踏み込んで歩いていたんだが、クマも歩きやすい獣道の周辺でタケノコを食べていたんだよ。食い散らしたタケノコのカラもずいぶんあったし、糞の量がすごかったな」

笹森さんは自然をたのしむための手段についてこう語る。

「最近は自然破壊の進行と同時に、道具も進歩して近代的になったから、それだと魚をとってもつまらない。あれだとダメだな。商売じゃないんだから。……俺はいまは海にもぐらなくなったけど、足ひれさえも使ったことはないな。生身の体でとれる範囲でしかとらないんだ。そうすればとり尽くすこともなく、いつまでもとれるしな」

笹森さんは土建業に従事している。皮肉にも、子どものころに遊んだ笹内川での護岸や道路の建設・拡幅などの工事で、みずからが自然破壊にたずさわっているのだった。いうまでもなく人間の存在悪としての環境破壊は否定できない要素がある。その意味では笹森さんも私も含めて大多数の者は大同小異だろう。その現実としての矛盾に、笹森さんは悩みながらも慎しやかに語る。

「自分で食うぶんを、山だの川だの海へ行って自分でとってくるんだよ。山菜は、毎年、違う場所で採るようにしているんだ。同じ場所だと効率がわるいんだ。しかし最近はモノが少なくなってきたな。タケノコなんかもそうだ。だんだん奥地に追いやられて、目的の場所まで行くのに二時間以上もかかるんだ。人がたくさん入るようになったし、ブルドーザーの道があちこちにできたもんだから、ますます奥地に行くよりほかはなくなった」

笹森さんの話をきいていると、住処を追われる野生動物の姿が連想される。大型哺乳動物としてのクマはどうなのか。笹森さんにそのことをきいてみた。

「クマはサ。もちろん奥地にも棲んでいるけど、意外と近場にいるんだよ。なぜかといえば、こういうことなんだ。ブナの森が残されている奥山は標高も高いし積雪も深いし、生活していくには餌が少ないんだな。クマもそうだが、それ以外の動物にとっても条件が厳しいんだ。それと近場では森は伐採されているけれど、それによって餌となる草木が生い繁る場合だってあるんだ。ヤマブドウやタラノキなどがそうだべ。だから減っている動物もいれば増えている動物もいるんじゃないかな」

笹森さんによると、ブナやミズナラの実のほかに、クマやカモシカはタラノキの実も好む。そしてクマはともかく、カモシカの場合は捕獲が禁じられているから増えているのだ。

昔にくらべて、いまは里山の手入れをしなくなったのも事実である。ヤマブドウだのタラノキが生えるのならまだしも、放置されたスギの造林地は、人間だけでなく野生鳥獣にとっても役立たずの森になっている。

「奥山の原生林はべつにしても、ちかくの山の手入れをしなくなってからは薬草も見当らなくなったな」

笹森さんはそう言ったあと、かつて里山を伐り開いて牧野にしていたころの話をした。

「子どものころはセンブリなどの薬草がずいぶんあったな。それがなくなったのは山を手入れしなくなったからなんだな。あのころは野火、つまり山焼きだな、あるいは草刈りで開けた陽当りのいい場所があって、そこに生えるんだ。家族総出で草刈りや山焼きをしたよ。家畜を放牧していたんだ。いまは薬草にはだれも目をむけなくなったし、家畜もいなくなったし、山を手入れしなくなったし……。薬草は夏の土用のころに採ったもんだ。センブリのほかにオーレンもずいぶん採ったよ」

――それじゃ、子どものころは薬草を煎じて飲んだりしたんですか。

「……うーむ、下痢したときゲンノショウコを飲んだこともあるが、そうでもなかったな。やっぱり箱に入った富山の置き薬を飲んでいたな」

――キハダなんかはどうですか。

「そうだな、焼酎につけて、運動会のときふくらはぎに塗ったりしていたよ。このへんではキハダを『シコロ』と呼んでいた。そういえば笹内川の奥地にシコロ平という台地があって、秋にはマイタケがつく場所がある。ときどきそこへ採りに行くんだ。キハダは健胃剤としてだけでなく染料としても使っていたな」

――ほかにはどんな薬草がありますか。

「トウキ（イワテトウキ）があるな。普通は尾根の岩場などにあるんだが、川原でもずいぶんみかけるな。製薬会社と契約して専門に採りに行ったり、栽培している人もいるよ。オーレンもそうだな」

マイタケを山と積んで背負い、下山の途につく。沢を三時間も歩かねばならない。

笹森さんは春から夏にかけては山菜、秋はキノコを採りに山に入る。秋のキノコはマイタケとナメコがねらいだ。笹内川流域に関しては一本一本の樹々まで熟知している。キノコだけでなく、それに付随して野生鳥獣の繁殖地をも知っていた。私はクマタカやクマゲラのいる場所を教えられて観察に行ったことがある。

笹森さんはマイタケよりもナメコ採りのほうがたのしいという。

「……秋はマイタケよりもナメコの時期が、まわりの山々も紅葉してきれいなので、そっちのほうがいいな。量よりも、山歩きをたのしみながら山菜だのキノコを採っているんだ。春の新緑のころも山が明るくていいしな」

――ナメコは粒の小さいのがよいんですか。

「いやー、商売でレストランや旅館などに卸しているわけじゃないから、やっぱり自分で食べておいしいのは傘のひらいたやつだな。味噌汁に入れて食べたら、こたえられないよ。一般の見てくれは傘のひらいていないのがいいのだろうけど、効率的に自然を考えても、いくらかひらいて成熟したやつが、ナメコにかぎらず味はいいんじゃないの。それにもちろんその年の条件にもよるけど、ナメコはおなじ一本の樹にふつうでも三、四回はつくんだ。はやい年だと、夏の七月ころにはもうついてるな。そのあと秋十月。そしてまたつく。そのあとにもまたつく。昔は春にも採ったこともあったな。晩秋についたやつが、そのまま冬を迎えて冷凍状態になって、春に再び成長するんじゃないかな」

——シイタケはどうなんですか、採りに行きますか。

「シイタケ目当てには行ったことはないけど、あれも条件さえととのえば、季節はずれでもつくようだよ。いつだったか、夏のお盆のころに追良瀬《おいらせ》川の奥の白滝（日暮らしの滝）に行ったとき、滝の手前の川原にあった皮のはげたミズナラの木にシイタケがうわーぁとついていたな。そのとき数人で行ったんだ。二晩食っても食い切れなかったよ。釣ったイワナをだしにしてシイタケ汁をつくったんだが、たのしかったなあ」

白神山地にひろがるうっそうとしたブナの森が大規模に伐採されたのは、昭和四十七（一九七二）年に開設された弘西《こうせい》林道（現在の県道、弘前・西目屋・岩崎線、白神ラインのこと）によってである。

津軽地方の経済的発展の夢を担ったこの林道は、現実には甚大な自然破壊をもたらした。夢は所詮、夢でしかなかったのだ。そのことは地元住民であれば、伐採業者も含めてだれもが知っている。

自然が豊かだった昔にくらべて、いまの時代は便利になったが世智辛くもなったと笹森さんは語る。

「そんなに便利にならなくても、望んでいるわけでもないのだし、いいんだよな。しかし、よかったなあ、子どものころは。のんびりしていたんだな。海岸沿いに、小学生のころ村田銃を持って歩いても、だれも咎めなかったし、警察も来なかったよ」

――村田銃で遊んでたんですか。

「子どもがあつまって海鵜《うみう》を撃ちに行くんだ。舟をこいで海に出て、岩場にいるのを撃つんだな。それでも教育委員会で問題になるわけでもないし。弾丸を使い果たして、おやじに叱られたやつはいたな」

――そういうときはどうしたんですか。

「自分たちでさ、弾丸をつくるんだよ。雷管や黒色火薬を詰めて。弾丸は鉛でできているから、棒状のやつをナタで四角に切って、それを一升壜に入れて激しく振ると、角がとれて丸くなるんだ」

鉛なら、漁師が網の重しに使うのでたくさんある。山の猟師がカモシカの角を持ってきて、鉛と交換することもあったという。漁師にとってカモシカの角は、イカ釣りなどの擬餌の材料として珍重されていたのだ。

——山の猟師が毛皮を売りに来たりしたことはありますか。

「あるけど、金銭ではなくて米と交換していたようだったな。テンやバンドリ（ムササビ）の毛皮が高価だった。テンは一枚で米一俵といわれていた。襟巻など防寒具にしていたんじゃないかな。毛皮は冬がいいんだ。生え変った毛が落ち着いたころだな。テンなんかだと、春先になると色があせて商品にならないよ。クマでも春のやつは肝はいいけど、毛が抜けやすくて皮は使いものにならんな。ノウサギは自分らでとって耳当てにしていたな」

私も子どものころ、ノウサギの白い毛の耳当てをしたり、胴着を着て、冬に遊んだ記憶がある。

——近所の仲間と村田銃で遊んでいた子どものころ、海鵜のほかにねらったものはありますか。

「そうだな、獲物は選ばずに、おもしろがってなんにでも撃っていたよ。猟師のまねごとをしていたんだな。小学校六年生のとき、友だちにマタギの息子がいた。そいつといっしょに十二湖《じゅうにこ》の奥のほうにクマタカを撃ちに行ったこともあったよ。大きなカツラの木があって、そこに巣をかけていたんだな。クマタカはこのへんではブナにも巣をつくるが、たいていはカツラだな。二人で村田銃を持って行ったんだが、クマタカはあっという間に、ずうっと高く舞い上がってしまい、もう胡麻粒のように小さくなって、鉄砲を撃つどころではなかった」

——クマタカはあちこちにいたんですか。

「……森が残っていたから、いまよりは多かったよ。カツラの木をよじ登ってクマタカの巣であぐらをかいて、おにぎりを食ったこともあったな。下から見上げると、けっこう高い位置にあって、それがまた枝がなくて登りにくいんだな。巣は枝を使って、もの凄くがんじょうにつくられてある。小学生二人があぐらをかいて座っても大丈夫だった」

——子どものころ、ノウサギもたくさんいたでしょうし、罠をかけてとったりしましたか。

「ああ、ノウサギが群れて行動するのが二月半ばころからだ。黄色い小便跡を雪面のあちこちにみかけるようになる。そのころになると輪っか（針金でつくられた罠）にかかりやすくなるんだな。ずいぶんとったよ」

――どういう場所に罠をかけるんですか。

「一番かかりやすいのは傾斜地だ。平地はかかりにくいな。天気も穏やかな日がいい。風があると、輪っかが風に鳴って、やつ（ノウサギ）も警戒するようだ。罠の場所をさけて通るんだな。あの大きな耳だから聴覚が敏感なんじゃないかな。暖気になって、明日は雨でも降りそうな日の夜にたくさんかかるんだよ。きっと、翌日雨になれば餌をとれないことを察知して、必死で行動するんじゃないのかな。ノウサギにかぎったことじゃなく、魚でもおなじことが言えるじゃないかな。海のしける直前に海にもぐるとわかるんだが、マダイなんかでも磯にあつまってきているんだ。ありゃ、動物は、山の獣でも、海や川に棲む魚でも、気圧の変化を察知する能力が発達しているんじゃないかな。人間にも、ずうっと昔は、そうした予知能力がそなわっていたんだろうけど、退化したんだろうなあ」

ついで、動物のすぐれた予知能力に関して目撃した例を、笹森さんは紹介した。昭和五十八（一九八三）年初夏のさわやかに晴れ上がった日、瞬時にして大惨事をもたらした日本海中部沖地震の発生直前に、沢辺海岸（西津軽郡岩崎村）で岸壁工事の仕事をしていた。その合い間にボラを釣ろうとしていたときだった。ボラが群れて沖へいっせいに去っていったのである。そのときの状況をこう語る。

「昼食のあと、魚とりが好きなもんだから、ちょっとやってみたんだ。あのへんはいつもボラが群れをなして泳いでいるんだ。最初に投網で一尾とった。そのあと同僚と、ボラの掛け針をつくって釣ろうとしたんだな。針ができ上がって、さて釣ろうとしたら、なんの前ぶれもなくだよ、ボラの群れが沖のほうへすっ飛んでいったんだ。その直後だよ、地震が起きたのは。突然、だーっと地震が来たんだ」

笹森さんは子どものころ、山の中でクマの死骸をクマが食べているのを目撃したこともあったという。

「日暮れどきだったんだな。友だちのおやじがクマを撃ったんだが、もう暗くなってきたので探せなかったんだな。手負いのクマは、まあ、クマにかぎらず獣は死ぬときはたいてい水辺で死ぬんだが、そのクマも流れのそばで死んでいたんだ。体に熱を持つから水辺に来て死んだんだろうな。その死んだクマをべつのクマが食べていたんだよ」

——そのときは偶然に目撃したんですか。

「いやいや、話をきいて、手負いのクマを撃とうと、友だちと二人で鉄砲かついで探しにいったんだ。まだ小学生のときだった。まあ、小学生がクマを撃とうとするのもおかしな話だけど、そうだったんだ。クマをみつけたのはいいが、臭くて臭くて。べつのクマが、その死んだクマを食べながら運び去ろうとしていたんだな。だけど、二股に分かれた樹にひっかかて運べないんだ。クマを撃つどころではなかったよ。でも、その死骸を食べていたクマも、あとで撃ちとられたんだが、臭くて食えなかった。腐った死骸を食べていたからなんだろう……」

クマは仲間うちの死骸にかぎらず、ほかの獣の死骸も食べる。カモシカの死骸は絶好の餌である。

何年か前、残雪の川岸でカモシカの死骸を発見したことがあった。ちかくに私たちはテントを設営していたのだが、翌日、行ってみるとカモシカの死骸はなくなっていた。付近にはクマが至るところに足跡を残して、ひきずっていった形跡が残っていた。

ほかにも、クマがカモシカの死骸を運んでいるのを目撃した猟師の話をきいたことがある。人間の場合も、山菜採りなどで遭難死してクマに食われてしまい、遺体が発見されぬまま行方不明になった例も、きっとあるに違いない。

笹森さんによると、クマは恐れさせなければ危害を加えない。相手に危険を感じなければ「悠々たるものだ」という。笹森さんは、これまで山菜やキノコを採りに山を歩いているとき、何度か出くわしている。その中でも、とくに印象深いものとして、おなじクマに三度出会い、無言のうちに〝挨拶〟を交わして別れた思い出がある。そのクマがのちに撃ち殺されたことで、子どものころをべつにすれば狩猟をしない笹森さんは、癒しがたい傷を心にうけた。狩猟に対する懐疑の念が増したのではあるまいか。

そのクマと出会ったのは兄貴の稲刈りを手伝ってから行ったんだ。

「兄貴の稲刈りを手伝ってから行ったんだ。それ以前にも山をまわって、まだ小さなマイタケを三ヶ所でみつけてあったんで、そこへ行ったんだな」

笹森さんはそう言って、穏やかに語りはじめた。

「稲刈りが午前中で終ったので、もうそろそろマイタケが大きくなっているだろうとおもいながら急いで行ったんだ。魚泊りの滝の付近だよ、場所は。そしたら地下たびのスパイクの跡が川岸の砂地についていて、先行者がいたんだな。知り合いだった。俺がねらいをつけておったマイタケの樹の下で弁当を食っていたよ。三株ともマイタケは採られたあとだった。その人は、俺がそのマイタケをねらって来たことを知ると、申し訳なさそうにして半分分け与えようとしたんだが、その気持ちはありがたいけれど、もらうわけにもいかない。そこで俺は、沢を詰めてべつの場所に行ったんだ。そこにも二本、マイタケのつく樹があるのを知っていたからな。かなりの急斜面に、その二本の樹は七、八メートルの間隔であるんだ。斜面の下のほうから、樹の根元を仰ぎみたとき、クマが俺をみおろすようにして顔をのぞかせたんだな。おおおおっとおもったよ」

――急斜面の、どんな場所だったんですか。岩場なんでしょうか。

「そう、……岩場で、簡単には身動きのとれそうもない場所なんだ。ブナでもミズナラでも実をつけると、クマがもっとも好んで登る樹は、陽当りのいい岩場の、出っぱった場所、このへんではそういう場所を『出っちゃき』（出崎）というんだが、その出っちゃきにいたんだ、クマが。俺は足場のいいところまで降りて、ひと休みしながら、み上げると、クマもまた岩場から顔を出して俺をみおろすもんで、視線が合うんだよ。何度もそれを繰り返していたんだが、いっこうに相手が逃げ去ろうとしないんだ」

――クマがいてはマイタケを採れないですね。諦めたんですか。

「困ったなぁとおもってサ、クマと喧嘩するわけにもいかないし。しょうがないから諦めてそのときは山を降りて家へもどったんだ。それで、つぎの週にまた行ったんだな」

――前回とおなじ場所にマイタケを採りに行ったんですか。

「いやあ、マイタケもかなり遅くまで採れるんだけど、俺の場合、十月の上旬にはマイタケ採りはやめるんだ。品質のいいものは採れなくなるんだ。傘がひらいて大きくなり過ぎると味がよくないんだ。俺を昔、山につれて歩いた先輩も言ってたけど、ひらいたマイタケはサモダシ（ナラタケ）よりもダメだよ。……このへんでは『けらすくね』という言い方をするんだが。一般にはテレビなど大きいのが話題を呼んでいるが、あんな

腰ナタをとり出し、マイタケを根本から切りとる。キノコが豊作の年だった。

のは味がダメよ。ひらきはじめがいいんだ」

——それじゃ、そのときはマイタケ採りではなくナメコですか。

「うん、場所を変えてナメコだ。ブナの木平といって、白神岳の尾根道があるでしょ、そこのがくんと下る地点からちょっと下にかなりいい台地があるんだ。沢沿いはブナだが平地にはヤシ（サワグルミ）が生い繁っている。そこは山菜・キノコの宝庫なんだ。俺みたいに山を好きで歩くやつはともかく、商売や蓄えを目的の山菜・キノコ採りは、場所が遠過ぎてだれも行かないんだ。……そこのヤシの木立を通り抜けて、以前から知っているナメコのつくブナの倒木に行ったんだが、そのブナの木に前足をついてクマがこっちをみていたんだよ。なんとなんと、たまげたな。巨大なクマだったよ」

――クマは逃げなかったんですか。

「逃げるどころか、のんびりしたもんで、悠々としていたよ。俺もちかくに座って、チョコレートを食べながらクマを観察したんだ。十メートルほど離れていたかな。クマもこっちをみながら、どうしたらいいものかと、つぎにとるべき行動を考えていたんじゃないのかな。……しばらくして俺は立ち上がって右のほうへ移動したんだ。すると、そのときクマも左のほうへ歩き出したよ。ところが反対方向に離れていったはずなのに、あれはクマが途中で方向転換をしたんだな。俺の目の前に現われて悠然と通り過ぎていったんだ」

笹森さんが三度目にそのクマをみかけたのは、さらにその翌週だった。再び、ブナの木平にナメコを採りに行ったのだ。ブナの木平に行く途中に「三角台」と呼ばれている尾根上の台地がある。そこを歩いていると、ブナ木立の前方を巨大なクマが、ちらちらこちらをうかがいながら通過していった。笹森さんは妙になつかしく思えて、立ち止まって眺めていた。

この日が、その年最後の奥山でのキノコ採りだった。ナメコを採って帰宅した笹森さんは、翌年また、あの巨大なクマとどこかで会えるだろうことをたのしみにしていた。

年が明けて春、ブナの芽吹きのころ、笹内川の奥地でクマ撃ち連中によって、そのクマが撃ちとられた。クマのすりへった歯は、相当の年数を生きのびてきたことを物語っていた。冬眠から覚めたばかりで痩せこけていたにもかかわらず、体重が百五十キロもある大グマだった。笹森さんは、クマ撃ち連中の自慢話を聞かされて愕然とするほかなかった。

大グマが撃ちとられた場所は魚泊りの滝の上流の平地だった。笹内川の奥地ではもっともはやくにブナが芽吹く、陽当りのいい場所である。クマが樹に登って実を食べるときにつくるクマ棚を土地の人びとは「クマのえんちこ」と呼ぶが、そのクマ棚がそこではたくさんみられる。春はやくからクマがあつまるので、土地のクマ撃ち連中の狩り場になっていた。

クマ撃ち連中が徒党を組んで、その大グマにライフル銃を連射したときの銃声は、仕掛け花火の連続音のごとく、周囲の雪山に響き渡ったという。

笹森さんは、山に行けない日々は石器や土器の収集を趣味にしている。自宅のちかくの田圃から縄文時代晩期の遺物が出土するのだ。あつめた石器や土器を眺めていると、それをつくった人びとの個性がうかがわれるという。

（一九九五年『白神山地　恵みの森へ』）

長慶平開拓集落、雨の一日

白神岳から流れる笹内川に沿って旧弘西林道がのびている。仁瀬《にぜ》沢というのは笹内川の支流だが、その仁瀬沢との出合付近から山越えして、長慶平《ちょうけいたい》という開拓集落へ抜ける道沿いにニゼ沼と呼ばれる沼がある。

ニゼ沼にはイワナが棲んでいる。ときには、大イワナが釣れるというので釣人がでかけてゆく。しかしたいていは釣れないようで、おまけにクマに出会わすこともあるとか。ニゼ沼に棲息するイワナは、仁瀬沢を溯上したアメマスが陸封されたものだといわれている。その昔、地殻変動で仁瀬沢の流れが塞き止められてニゼ沼ができたらしい。

ニゼ沼は別名太田沼とも呼ばれている。太田泰永という入植者がかつて付近に住んでいたのがその名の由来である。太田さんは現在は山を降りて海岸沿いの町に住んでいるが、入植したのは昭和二十三（一九四八）年のことだった。同時期に入植した白戸清さんから私はこの話を聞かされた。

白戸さんの家は長慶平の中でも津軽平という地区にある。長慶平という地名は、人びとが最初に先遣隊として入植した昭和二十二（一九四七）年以前にはなかった。津軽平だの芦萢《あしやち》だの猿ノ湯だのといった由来の地名を総称して入植以後につけられた地名である。

先遣隊二十四名が入植したのは十月だった。翌年二月から三月にかけて白戸さんを含む二十二名が入植している。入植は昭和二十八（一九五三）年までつづいた。全員で八十六名、いまと違ってもちろん車道はないし、付近を流れる吾妻《あづま》川沿いに歩いて入植したのだった。冬に馬橇《ばそり》が通うようになったのも、その後のことである。

長慶平という地名は先遣隊入植の年につけられた。入植者たちは当初「陸奥《むつ》平原」と命名したが、団長の堀内利弥氏の指導で変更することとなり、長慶平に決まったのだ。地名の変更理由は「『陸奥平原』では少しきざだから」（『長慶平開拓史』／長慶平開拓三十周年記念事業協賛会／一九七七年）である。

長慶平の地名は長慶伝説にちなんでいる。南朝第四代長慶天皇一行が吾妻川河口に上陸し、この地を通過したという伝説があるのだった。

その長慶平に学校ができたのは、先遣隊が入植し地名がつけられた翌年の昭和二十三（一九四八）年二月二十三日。最初は正式な学校ではなかった。開拓農業協同組合の事務所に子どもらをあつめて授業が行われていたのだった。この二月二十三日が長慶平小中学校の開校記念日である。校歌が制定されたのは、それから九年後の昭和三十二（一九五七）年。「樹海はおどる大自然」のうたい出しにもあるように当時、付近はブナ原生林に覆われていた。

白戸さんは入植当時の風景をおもい浮かべながら次のように述懐する。

「津軽平はスギの造林地だったけれど、吾妻川の対岸のほう、学校がいまあるほうの山はブナでもトチでもカツラでも、なにしろものすごい太いやつがうっそうと生い繁っていたんだな。当時はそれを伐って開拓、開拓、そうしなければ生きていけなかったし、それがまた方針だったけれど。しかしなあ、いま考えると確かに、あのみごとな原生林を失ったのはもったいない気がするなあ」

大正十五（一九二六）年四月生まれの白戸さんは二十一歳で入植したのだった。長慶平の入植者は樺太《からふと》（サハリン）からの引き揚げ者が多い。

敗戦後の昭和二十七（一九五二）年、サンフランシスコ条約締結で、それ以前の日露戦争後のポーツマス条約（一九〇五年）で獲得した北緯五十度以南の樺太を日本は失った。その敗戦後、いわゆる外地生活者に対し、引き揚げ命令が出た。

白戸さんは樺太で生まれ育ったが引き揚げ者ではなかった。帝国海軍に志願し、航空整備兵として木更津《きさらづ》で敗戦を迎えた。

「木更津航空隊におったんだな。母は金木《かなぎ》（北津軽郡）出身だし、父は車力《しやりき》（西津軽郡）

出身なんだ。父は昭和十一（一九三六）年に亡くなり、その当時はもういなかったんだ。終戦で、母の実家へ帰ってきたんだが、樺太へもどろうと考えて稚内《わっかない》まで行った。しかし、もう行かれなくなったということで、また金木にもどってきてな。なにしろ母や兄弟が樺太にいるもんだから、金木で待ってたんだ。その翌年だな、引き揚げてきたのは。でもな、親兄弟もいるし、いつまでも世話になっているのも心苦しくて」

そうしているとき、樺太の喜美内《きみない》という同じ村の出身者から、開拓村をつくるから来ないかと誘いがあった。誘ったのは、白戸さんより四歳ほど歳下だが、先遣隊で最初に入植した伊藤稗苗さんである。

「まあ、そういうことで歩いてきたんだけれど、山また山、山で、いやー、いまと違ってすごい森だったよ」

その森の中で、うず高く積った雪をかたづけ、小屋づくりがはじまった。炭焼き小屋に〝毛〟の生えたような粗末なものである。木を伐り出して柱にし、スギの葉を敷き詰め、その上に筵《むしろ》をひろげて床をつくった。笹やスギの葉で壁のように周囲を覆い、ヤシ（サワグルミ）の樹皮で屋根をふいた。むろん各自、笹で屋根をふく者もあれば、ヤシの樹皮を張りつけて壁にしたり、さまざまだが、粗末な苫小屋《とまごや》であることに変りはない。建築材料はすべて自然の中から自分で調達し、自分で家をつくるのだ。

「その後にだな、国からいくばくかの住宅資金が補助されて、深浦町の業者に頼んで小さな、しかもスギの生木を丸鋸で製材した材料で、何軒かまとまっていっしょに家を建てたんだ。最初の場所から吾妻川のちかくに移転したよ、そのとき。ここから下のほうだ」

建築用材として付近のスギ林は伐採され、山も開削されて整地されたが、現在では雑木林になっている。当時の主な仕事といえば炭焼きだった。解放された国有林を伐って炭を生産するのである。炭を売る一方で開墾作業もつづけた。開墾をつづければ補助金が支給されるのだった。

「補助金たってたいした金額でもないけれど、もらいながら開墾をしていたんだな。原生林を切り開いて畑にしたんだが、いまのように機械があるわけでもないし、すべてクワを手に筋肉労働だった。木を切ったあとに火をつけて、つまり焼畑農業だな。北海道から協同でジャガ芋を取り寄せて植えたこともあった。肥料なんか全然やらなかったし、そんなものもなかったけれど、しかし当時は土地が肥えてあったのかなあ、それでけっこうよかったんだものな。やっぱり、久しい年月をかけて培われきた腐葉土によるんだろう。いまの土とは確かに違っていたな」

ジャガ芋のほかに、カボチャ、大根、ネギ、ムギ、アワ、ソバなど、換金作物より、

茶臼山の山頂からブナ木立の尾根越しに残雪の白神岳を望む。日々春めいてくる。

むしろ自分らの食糧をつくるだけで精一杯だった。

「なにしろ食べるのに苦労したんだ。引き揚げ者は家族も多かったし、子どもが三人だの四人だの、多いのでは七人もいた。五十年ちかくも前のことだからなあ、いま八十歳の婆様も当時は三十歳代だ。みんな若くて、一生懸命働いたんだな。いまは人数も減少してしまった」

長慶平小中学校の児童生徒数の例でいえば、昭和三十六（一九六二）年が最大で百七名だった。が、私が白戸さん宅をたずねた今年（一九九五年）の児童生徒数は小学生が十名である。中学生が一名いたが、日本海に臨む深浦中学校に通学している。

長慶平に電灯がともったのは昭和三十

（一九五五）年だった。自家発電である。それ以前はランプ生活をつづけていた。

白戸さんによるとこうである。

「ランプの前は魚の油を使っていたよ。深浦の町からもらったり買ったりしたものに布切れを浸して芯にし、それに火をつけるんだ。チョロチョロ燃えるんだな。ランプはそのあとだ。灯油の入った一斗缶を深浦の町から背負って上げたもんだ。それでランプ生活をつづけているうちに自家発電の設備をつくることになったんだね」

『長慶平開拓史』から当時の状況に関する部分を以下に引用しよう。

一九五五年（昭和三十年）、遂にこの設備が完成し、点灯することができた。津軽平の橋の上流にダムをつくり、そこからトイを利用して水を引いて来る。そして、橋の近くで発電し、毎戸へ送電するものである。この設備の跡は今でも残っている。部落が急に活気づいてきた。この一九五五年（昭和三十年）という年は、学校が独立し、更に、自家発電設備が完成した年である。二重の喜びが人々の気持ちを明るくしてくれた。電灯の下で、大人は読みものや針仕事に、子ども達は、勉強に、それぞれ精を出す姿がどこの家庭でも見られるようになった。ランプ時代のように、夕食後はすぐ寝るということがなくなった。このように電気によって長慶平部落全体の生活の仕方が大きく変えられたのである。

ところが、この自家発電設備は簡単にできたものではなかった。まず、経費の方は、当時の金で千九百七十万円もかかっている。このうち、千八百万円は青和銀行から借り、あとの百七十万円は他の方から出した。一戸当り三十万円の借金である。銀行ではただで金を貸してくれない。高い利子を払った他担保を出さなければならない。利子だけでも五百万円という高額なものだった。この利子と借りた金全部を各自で支払っていかねばならない。とてもそんな余裕はない。そこで利子の方はなんとかお願いしてまけてもらった。しかし、まだ借金はぼう大なものである。これを毎年返していく必要がある。夜まで働いて得た収入の中から返済金をとられるのである。もう二十年以上たつのだが、あと十年位は返済を続けなければならないような状態である。

こうして苦労してつくった自家発電設備の性能はどうだったのだろうか。残念ながらよくなかったのである。この設備の使用期間はあまり長くなかった。その原因は、数多くあったといわれている。木の葉などが水の流れを妨げ、電圧が低くなり、暗くなってしまうことが度々あった。そこで管理者が現場へ行き、つまっているものを取り除く、そうすると、また明るくなるという状態のくり返しだった。各家庭では電球を三種類くらい準備しなければならなかった。水の流れがよい時は、電圧が高くなり、悪い時は低くなる。高電圧のとき、低電圧用の電球をつけておくと、フィラメントが切れてしまう。反対に、低電圧のとき高電圧用の電球をつけておくと明るくならない。一晩のうち何回も電球のとりかえをしなければならない。これをしなかったため、電球のフィラメントを切らしたことがずいぶん多くあった。

莫大な費用と労力によって、やっと完成した自家発電は、こんな状態だったのである。それでも利用できるうちはまだよかった。ところが、まもなく使えなくなり、のこったものは借金だけだったのである。

淡々とした文章だが、言外ににじむ苦労が読み取れる。自家発電が不能に陥ったのは、昭和三十五（一九六〇）年の台風によるものだった。その後、再びランプ生活に逆もどりしたものの、昭和三十七年には送電線が引かれ全戸に電灯がともった。しかし自家発電設備の借金返済はつづき、終ったのはつい数年前である。

「まあ、おかげでいまはずうっと牧場のほうまで電灯がついている」と白戸さんは語る。

私が白戸さん宅をたずねたのは夏もそろそろ終りのころだった。雨が降っていた。五《ご》能《のう》線の深浦駅で下車し、タクシーで吾妻川沿いの、かつて入植者たちが歩いたはずの道をたどった。タクシーが通れるのだから、昔とはその利便性において格段に違う。

吾妻川は南股沢と東股沢に分かれている。それらの源頭に連なる山々の麓にひろがる緩斜面に長慶平がある。私は何度か、吾妻川でイワナ・ヤマメ釣りをたのしんだことがあった。東股沢の大半は保護水面に指定されて禁漁だが、南股沢ではたのしむことができる。しかし最近の様子はわからない。釣り好きにとって、渓流はたんに眺めるだけでもたのしいものだ。もっともそれには条件があって、清流でなければならない。

保護水面に指定されている東股沢に沿ってつづく道を、私は長慶平にむかった。タクシーから眺める東股沢はあいにくの濁流で私の眼をたのしませてはくれなかった。上流域のスギ林で行われている伐採が原因だった。東股沢を離れて、スギ林や雑木林で囲まれた曲りくねった道を登って白戸さんの家についた。

偶然、白戸さんが庭先に出ていた。私は白戸さんとは初対面である。あとで聞いたら病気で片腕が麻痺状態にあるということだが、老いてなお見るからに矍鑠《かくしゃく》としていた。

私は深浦町役場に紹介されて白戸さんをたずねたのだった。白戸さんは町の行政連絡員をしていた。白戸さんを紹介してくれた役場の女性担当者（佐藤宏子さん）は親切だった。電話での私の要望にじつに簡明に対応してくれたので、たいていは的はずれで要領をえない、しかも無愛想な態度に慣れた私には新鮮におもわれた。明朗闊達な人物らしい。

白戸さん宅に上がってそのことを話すと、若いころから優れた人物だと誉めていた。談話中、意外なことがわかった。白戸さんが戦前、樺太で過ごしていた当時、私の中学・高校を通じての恩師と、奇しくも同じ村でともに遊んだりしていたのだった。恩師の父が、白戸さんの学んだ小学校の校長なのだとか。白戸さんはことの意外性に驚くと同時に、目を細めてなつかしそうに笑っていた。

「いやー、不思議なもんだな。それで息子さん方は達者なのでしょうか。姉がいて、弟二人、あそこは先生一家だからな。子女の方々三人とも先生だったな。あそこの父は校長先生だけれど軍国主義一点ばりで、それで俺も海軍を志願したんだ(註)。」

白戸さんの家のある津軽平は、吾妻川東股沢の右岸の山腹にある。住めば都で、静けさだけが取柄だと白戸さんは語った。

「夏にはホタルもいるらしいよ。すぐ隣りの家の小川の縁にいたって言ってたな。すぐ隣りといっても二百メートルほど離れているが、そこにホタルがいるんだってよ」

私は白戸さんに、ありきたりのいくつかの質問をしてみた。

——町から離れていますが、生活を営むうえで特別に不便なことでもありますか。

「昔と違っていまは車を持っているし、冬期間も除雪されているので、町まで十五分もあれば行けるんだ。救急車も来るようになったしな。ただ気がかりなのは高齢化現象だな。六十五歳以上の高齢者が、もちろん私も含んで二十七パーセントもいるんだ」

長慶平の世帯数と人口は、私が白戸さん宅をたずねた年の八月三十一日現在で四十四世帯の百二十二人である。世帯数だけでいえば、入植時にくらべてほぼ半減している。

「高齢者で一人生活をしている家が何軒もあるんだ。これが一番心配だね。未亡人だけでも八軒ほどはあるんじゃないかな。男は死んでも女は強いからね、残るんだ。四十四軒のうち、かりに八軒だとしても比率は高いよ」

――子女の方々が居残ったり、もどってきたりすることはないんですか。

「ほとんどないね。まず仕事がないでしょ。町にないからね。役場に務めている者も若干いるけれど、長慶平から通っているのは一人で、あとは町に家を建てて住んでるんだ。長慶平には土地があるけれど住むのは下の土地。若者も結婚すれば下に住むのがほとんどだね。嫁さんにはここの山に住むのはちょっと厳しいんじゃないのかな。まあ、若い女性でも深浦の町まで通っているのもいるけどね」

――私は山が好きなんですが、山歩きや自然の好きな方はいますか。

「もう亡くなられたけれど八代校長（米谷茂さん）が山好きで、子どもらが地元の山に登らないのはまずいって言ってな。教育委員会に働きかけて予算を出させ、茶臼山に登山道をつくったんだ。しかしその後、そんなには利用されることもなく草が生えてきたんだが、いまの校長（坂本啓さん）が、やっぱり地元の子どもらが地元の山に登らないのはまずいって言って、また教育委員会に働きかけたんだ。確か予算がついたはずだよ」

山好きの八代校長の働きかけで茶臼山に登山道がつけられたのは昭和五十二（一九七七）年である。この年、長慶平は開拓三十周年を迎えた。

茶臼山は長慶平小中学校の校歌にもうたわれている。「スバルはまたたく茶臼山」。残雪期に私も何度か登ったことがある。山頂から眺める白神《しらかみ》岳や向白神《むかいしらかみ》岳の山岳風景はなかなかに秀逸だ。山頂付近から東側にかけての緩斜面はブナ原生林に覆われている。すでに伐採された長慶平側の山腹にも、入植以前は同じようにブナ原生林がひろがっていたのであろう。

学校登山は最近では、長慶平にかぎらず奨励されていないようだが、子どもらが故郷を評価するという意味でも、地元の山に登って自然に親しみ、故郷の風景を眺め渡すのはすばらしいことに違いない。まず、このことを教師や大人が認識すべきであろう。

「森林組合の方々といっしょに草刈りをしたりして道を整備し、この秋には子どもらに登山させたいとおもっているんだが」と白戸さんは抱負を述べた。

——一般の方々も登ったりしているんですか。

「まあ、登山の目的で行く人は少ないでしょう。タケノコ採りに一般の方々は行ってるようですよ。俺も、いまは体が不自由でダメだが、元気だったころ、二回だけ頂上に上がったことがあるよ」

——吾妻川の東股沢は保護水面で禁漁になっていますが、地元の釣り好きは困らないのでしょうか。

「うーむ、密告するわけではないんだけど、よそから来て釣っている人もいるんだな。もとは監視人がおったんだが、いまはみかけないから、いないんじゃないだろうか。内水面漁協がイワナ・ヤマメを放流しているんだ。地元の子どもらはともかく、あんまり釣らんな。うちの息子、三人いるうちの末っ子が家にいて森林組合の作業班で働いているんだが、川よりも海釣りが専門だよ」

——ここいらの人びとの一般的な趣味はなんでしょうか。

「趣味ったって、仕事を終えて帰宅し、風呂に入って、そのあといっぱい飲んで寝るんじゃないかな。集会所に本もおいてあるんだが、読書をする人は少ないな。老人クラブの会員が読む程度のもんだな。家庭用のカラオケ装置をバーンとつけて、うたっているのもいるな。」

山奥の開拓集落の夜のしじまを破って、カラオケが響き渡るのも、雰囲気的にはどこかおどけていて想像するだけでも笑いがこみ上げてくる。

――長慶平には昔は猿ノ湯という温泉が自噴していましたが、保養に行ったりしたんですか。

「そう、ずうっと昔から南股沢の奥にあったんだな。入植当時はヒバで枠組みがされであったのが、その後水害で埋まってしまった。俺の母親も生前は泊りがけで通っていたよ。ぬるい硫黄泉だった。入浴すると、ブクブクブクッと毛穴から泡が出るんだ。それが健康にいいんだってな。復活させようとおもって町長に相談してユンボ（油圧ショベル）で掘削したんだが、本格的にやるとすればずいぶん予算もかかるようで、無理だな。下の町のほうに新しく温泉ができたんで、年寄り連中は週一回、無料で役場の車が迎えにきて、保養に行ってるよ。しかし猿ノ湯は温度はひくいんだが、昔から知られているところでもあるし、自由に入浴できるように東屋でもそばに建てて、なんとかしたいなあ。埋まったのを知らずに、いまでもたずねてくる人がいるんだ」

――秋にはキノコを採りに山に行く人はいるんでしょうか。

「昔は至るところにあったが、いまはスギの造林地になってしまったので、採りには行かんな。それに各家で栽培しているんだ。主としてシイタケ、ナメコだな。ほかにもムキタケだのヒラタケだのも栽培しているが、売り物はシイタケとナメコだ。年に数回も採れるように栽培している人もいるし、キノコ類だけでなく山菜のハウス栽培をしている家もあるな」

——キノコや山菜を栽培する後継者はいるんですか。

「若い者たちは無理だな。そういうことをやるよりも、弁当を持って働きに行けば、即、金になるしな。まあ、若い者にやれって言ったって、やれないな。年とった人でも、そろそろ体がきかなくなってくれば、その人もまた無理だしな」

——徐々に人が減っていくんですね。やっぱり、生活していくには山は不便なんでしょうか。

「うーむ、どうだかな。この裏手が沢になっていて、そこは隣りの土地なんだが、息子さんたちは東京方面で生活しているんだ。年老いて二人とも老人ホームに入ったよ。土地は十町歩ほどあるんだが、そのままになっている。」

——年老いて老人ホームに入ったりするので、空家や空地が増えてるんですか。

「そうね、住所はここにあっても、県外で息子さんと暮らしたりしているので空家や空地になっている例も、四、五軒あるよ。そのほかに、ここに土地を持ってて東京だの横浜に家を建てて暮らしているのもいるしな」

——家の暖房は薪ストーブが多いんでしょうか。

「やっぱり薪ストーブがほとんどだな。未亡人の家で数軒、灯油をたいているようだが、あとは薪だよ。というのは、だいたいスギ林を持っているんだが、その間伐材が処分しきれずにたくさんあるんだ。金にはならないし、余ってしまい、俺の家では何年分も小屋にしまいっぱなしだ。腐ってしまうんだ。俺もまだ体がきくし、チェンソーを使って枝を伐って薪にしているんだが、まあ、息子の代には薪などやめて灯油でも使うんじゃないのかな」

白戸さんの家ではストーブをとりはずすことなく年中つけている。雨降りや曇天の日にはストーブをたき、洗濯物を室内につるして乾すのだという。燃料が自分の山で伐採した薪であれば、もちろん無料だし、同時に薪ストーブ特有の身体を覆い包むようなまろやかな暖かさは健康的にも好ましいのではあるまいか。

長慶平の各家庭では地下水を利用して飲料水にしているが、それもまた私にすればうらやましいかぎりだった。自然はまだまだ身近に存在しているのである。集落の周辺はスギ林でもブナ原生林がそのむこう側を取り巻いている。野生鳥獣も出没するのだろうか。そのことを私はきいてみた。

――以前、この付近で何度かイヌワシが飛んでいるのをみたことがあるんですが、いまでもいるんですかね。

「ああ、そういえば、いたな。つい最近もみたな。どこに棲んでいるかは知らないけれど、道路沿いに飛んでいたな。どっか、そのへんの山にでも巣をつくっているんじゃないか」

――サルはどうですか。

「ああ、サルの群れは来るよ。四十頭以上はいるな。家の前が通り道になっているみたいだ。一週間ほど前、そのときは俺はいなかったんだが、来ていたそうだ。遊びに来るんだよ。大豆が好物なんだな。ネギも好物だな。ダイコンやニンジンは好みじゃないみたいだな。ネギは、もう全部ひっこ抜いてしまうんだ。俺はそんなには畑をつくっていないので困らんけど、ほかの人たちは困るだろう」

――年に何回ぐらい来るんですか。

「十二月の半ば、雪が降ったり、降ってもすぐに消えたりするころになると、以前は来ていたんだが、最近は回数が増してきた。なんと、去年あたりは四回来たんだ。下の方にカボチャ畑があるんだが、そのカボチャを持って走っていたそうだ。みてると、かわいいもんだがな。だけれども農作物を荒された人にすればアタマにくるわな」

――クマはどうなんですか。

「クマの話はそんなに聞かないな。農作物を荒らされたということもないようだ。下の深浦の町のほうでは荒らされているな。長慶平に来ても食い物が少ないことをクマもわかっているので、ここを通り過ぎて下へ行くんじゃないかって、ここいらの人は話しているよ。以前、養蜂業者の巣箱を食い荒らしたクマが、下の猟友会の人に射ちとられたことがあったたな」

白戸さんの話を聞いたかぎりでは、野生鳥獣を含めた山の自然の生態に、長慶平の人びとはたいして関心もなさそうだった。山菜やキノコを採りに四季おりおりに山に分け入っているふうでもなかった。

その意味では、遠祖から代々つづいた山村と異なるのも、ここが開拓集落であることを考えれば当然といえる。入植者は山棲み人とは違う。因習にとらわれることのない浩然たる雰囲気を白戸さんに感じたのも、あながちそのことと無関係ではあるまい。

私はその夜、白戸さんの家に泊まった。現在のそれは、白戸さんが長慶平に入植後、笹ぶき小屋からはじまって三度目に建てた家である。白戸さんは先遣隊の翌年入植し、その時期が比較的はやいことから、入植者同士で開拓地を分けたとき、先遣隊同様ほぼ優先的に選んだ土地が津軽平だったのだ。

その当時、地元の炭焼きの間では、津軽平は陽当りがよいという理由で評価が高かったという。ところが、いまになってみると、まるっきり違っていることがわかった。土地がやせているのだとか。

白戸さんはそのあたりの事情をこう語る。

「営林署のスギ林だったんだ。それを伐採して畑を耕した。表土がうすくてその下が泥岩なんだ。畑にはむかない。何年間か焼畑を繰り返したんだが、食えなくて、それで出稼ぎをしたり日雇い労働をしたりしてね。いまはスギを植えてある。しかし、そのスギも十七、八年になるが、やはりほかの地区より成長がわるいんだな。おなじ長慶平でも場所によって土質が違うんだな」

——出稼ぎは東京方面だったんですか。

「最初のうちは北海道だった。そのうち景気がわるくなって東京へも行ったよ。私を含めて多いときは、ここから二十人は行ったんじゃないかな。当時出稼ぎに行った人たちも、ほとんどが年とって、もう七十歳だしね。若い連中は森林組合や製材所に務めているよ。まあ、俺ものんびりやってるよ。もはや仕事もできるわけじゃないし、起きたいときに起きて山を散歩し、疲れたら眠って、あくせくしないで気楽に生きてるんだ。酒も飲めるし」

土地がひろいので、冬、屋根に積った雪を降ろしても隣家に迷惑をかけることもないし、春の新緑のころは季節が生き生きとして輝くし、などと言いながら白戸さんは笑っていた。秋もまた美しい季節かもしれない。紅葉には時期尚早の夏の終りの季節だった。

あくる日雨が降っていた。もし晴れていれば徒歩でのんびりと町へ下ろうと考えていたのだった。残念ながら期待はずれの空模様にやむなくタクシーを呼んでもらった。

「なにもないところだけど、また遊びにきなさい」

海の輝く晴れた日に来たいものだとおもいつつ私は山を下った。

（註）白戸さんの記憶ちがいもあり、実際は私の恩師の父母、本人と姉のふたりが教師、弟が報道関係者。校長という個人が軍国主義者なのではなく、そういう時代、つまり社会情勢だった。

（一九九五年『白神山地　恵みの森へ』）

旋毛虫症発症記

板谷正勝さん〈岩崎村〈現深浦町〉松神在住、昭和十六〈一九四一〉年生まれ〉は漁師であり猟師でもある。ちかごろは出猟しなくなったが、クマ猟にかぎっていえば、とくに印象ぶかい思い出をつぎのように語った。

「出稼ぎに行く直前の十一月中旬だったよ。ものすごく雪の降る日でな。当時、林業会社で仕事していたんだが、現場が笹内川《さざない》の仁瀬沢の奥にあった。ニゼ沼から右へ入っていったところよ。ブルで除雪しなければならないほどの大雪だった。集材機を張って木を切り出していたんだ。仕事の合い間に立小便していたら、なーに、沢の対岸の斜面をクマが歩いていたわけよ。白い雪の上を黒々としたのがな、歩いていたんだな。『クマだ、クマだ』って言いながら仲間と眺めていていたよ。いつも鉄砲持って仕事に出かけるんだけど、その日にかぎってまた、だれも鉄砲を持っていないんだジャ」

――それで諦めたんですか。

「諦めるわけねーべ。家さ鉄砲とりにもどったんだ。それで鉄砲を持って三人で出かけていったよ。一人は鉄砲を持っては行かなかったな。『もってアベ（こい）』と言ったんだが、『マイネ、マイネ（だめ、だめ）。みるだけだ』って、持たないで行ったんだ。現場についたら、のそのそ雪が降って、ガスって視界がわるかった。そしたら『いた。まだいた。そこにいた』って仲間が言うんだな。ところが、なーに、木の根っこだデバ、うわっははは……。そこで三人で分かれて探した。若いのが斜面の上さ行って、ワ（我）が中段、もう一人がむかい側にまわったんだ。クマはそのとき上の斜面にいたんだな。若いのが『パーン』と撃った。そしたらクマが『ごろんごろんごろん』と転がって、ワさむかって落ちてきた。弾丸《たま》は当っていなかんだジャ。ワが撃った。なーに、そしたら銃身に雪が詰まっていたんだ。それを知らずに撃ったもんだから暴発よ。はーっ。クマはむっくり起き上がって逃げ出したんだ。それでこんどはむかい側から撃って、まあ、とめた（殺した）んだバッテ。しかし、いやー、あのクマは大きかった。三人で木につるすことができないほどで、まー、大きかったよ。それに……、ほら、秋の雪が降ってのころだべ。すごく脂がのっていたな。その日はもう、仕事なんか休んでしまった……」

――そのクマは売ったんですか。

「あや（そう）、皮は売った。あの当時（昭和三十年代）で、知り合いに二万円で売ったんだ」

板谷さんの銃の構え方は変則的である。小学校五年生のとき学校で休み時間に遊んで転び、負傷して以来、左腕は細くねじれて肘が曲らないのだ。

板谷さんの父は漁師だったが、ほかに大工と炭焼きを生業にしていた。「天馬船」という船でハタハタ漁をしていたのだった。しかし大工仕事とともに不振に陥ってからは、もっぱら炭焼きが主な仕事だった。長男の板谷さんは、小学生のころから不自由な左腕をかばいつつ、仕事を手伝っていた。中学生のころはほとんど登校しなかったとか。働き手として〝登校拒否〟をせざるをえなかったのだ。

「炭俵が重くてな。泣きながら背負って歩いたもんだ」

板谷さんはそう言って照れ笑いを浮かべた。炭俵は三俵（約四十五キロ）を背負って一人前といわれる。中学生にもなると、大人扱いにされていたのだった。板谷さんが炭焼きとして一人立ちしたのは二十五歳のときである。父が亡くなったからだ。それ以前に中学生のころから、窯をつくったりなどして仕事のうえでは一人前になっていた。銃を手にしたのは二十歳のときだった。単発元折れ式の二十番の銃で、二万円だとか。

クマをはじめて仕留めたのは、秋である。その当時、秋になると、収穫期の稲をねらってクマが出没していた。

「クマは、もういくらでもいたな。朝はやくに二人で行ったんだ。雨が降っていた。クマはドングリの木（ミズナラ）に登って実を食っていたよ。二人で同時に撃った。そしたらクマが木から落ちたんだ。もう一発、そこで撃った。たしかに手ごたえがあったはずなんだが、血が出ていないんだよ。クマは沢底に転がり落ちて、いなくなってしまったんだデバ。キマヤゲデ（腹立たしくて）キマヤゲデ、家さもどってから、こんどは犬二匹つれて一人で探しに行ったよ。そしたらちかくのべつの沢で、腹から腸を出してクマがナガマッテ（横たえて）いた。まだ生きていたよ。そこでまた一発かけた（撃った）んだ。おっかないもんだものな。それからちかづいて鉄砲でどずいてみたんだ。たしかに死んでいたよ。犬が二匹ともクマの背中に上がって吠えてサ……。そのあとロープで引っぱりながら道路まで運び降ろしたんだ。そのときちょうど、村の仲間連中が二、三人通りかかったんだな。いやー、もう大喜びでな。『やった、やった、やった』って大声で叫んでサ。あとで、その連中に肉をほとんど食われてしまったデバ。雄グマだったな」

この雄グマを仕留めたあとに、板谷さんは仔グマを撃っている。

「ブナの木に登っているのをみつけたんだ。その仔グマがあわてて降りるところを撃ったんだね。首に当ったとおもったんだが、叫び声を出して逃げてしまった。後日、その仔グマが死んでいるのを、仲間と行ったときみつけたんだ。犬が吠えるので、ちかづいてみると、そこに仔グマが死んでいたよ。共食いされたらしく腹が食いちぎられてなくなっていたデバ。親グマが食ったんだかもしれないな。それともカモシカだべが。その仔グマを家に持って帰ったんだ」

その後、板谷さんは元折れ式の銃を他人に安くゆずり、村田銃を購入し、仲間との巻き狩りも含めて数々のクマを仕留めている。このころ、苦々しい体験だが、狩猟期間の前にクマを撃ち、検挙されたこともある。

「あのときは、クマが出ているって、情報が入ったんで行ったんだ。マイタケ採りもかねてだが……。クマがいなければマイタケを採ってこようとおもってな」

――一人で行ったんですか。

「あやー、一人だ、それと……一匹」

犬とともに行ったのである。

「それがまた、気の荒い犬でな。最初の飼い主が手に負えなくなったんで、ワがつれてきて育てたのよ。シェパード犬でな。人には危害は加えないんだが、荷馬車をひく馬によ、乱気たかる（強暴になる）んだデバ。大型トラックの荷台に上がるんでも、ひとっ飛びよ。たいしたジャンプ力だ」

――その犬がクマをみつけたんですか。

「いやぁ、犬ははじめのうち気がつかなかったんだ。クマがクリの木に登って実を食っていたんだが……。秋のはじめのころだな。忍び足でちかづいたんだ。以前にも、その場所でクマを逃がしたことがあったな。クマは私に気づいたらしく『ガリガリガリッ』っと、音をたてて樹から降りてきたんだよ。そこをな、撃ったデバ。十メートルぐらいの距離だったな。あとでみたら、背中に命中し、肺を貫通して弾丸が抜けていた。しかし、そのクマは叫びながらちかくのヤブに逃げ込んだのよ。犬がすぐに追いかけた。なーに、そしたらクマが逆もどりしてワさむかってきたんだ。いやー、目の前まで来てよ、危なかったなー。あわてて弾丸を詰めて、また撃ったのよ。いい塩梅《あんばい》に、さっきと逆に、胸から肺を貫いて背中に抜けたんだな」

——場所はどのあたりなんですか。

「十二湖の奥のほうだよ」

——それで検挙されたんですか。

「あやあやー、そのクマを置いて村さもどって、クマを運ぶのを手伝ってくれる人を探したんだが、だれも協力してくれないのよ。……いやー、そのうち警察さ知られたんだベナ。あとでぱくられたのよ。二年の狩猟免許停止だネ」

——そのときの撃ちとったクマはどうしたんですか。

「あやー、一人だけ来てくれたのがいた。いまはもう死んでしまったバッテ、そいつと二人でな、担ぎに行ったデバ。紐でしばった両足に棒を通して担ぐんだ。それで歩いて

獲物の痕跡がないか、尾根筋から下方の斜面を見下ろす猟師たち。

いるとよ、そいつのほうへクマがずり落ちていくんだな。死んだクマでもおっかないんだべよ。そいつは前を歩いていたんだが、クマが背中にぶつかると『ウギャー』って叫んで、放り出して逃げるんだ。ズボンはさがってしまうしな。ドンズ（尻）がまるみえになって、うわっははは……、おかしかったな……。やっとのことでサ、道まで運んで、あとは耕運機に積んで家さ帰ってきたんだデバ」

「鳥獣保護及び狩猟に関する法律」に違反した、このときのクマ猟で二年間の狩猟免許停止になった板谷さんは、単独で出猟することはなかったが、その後巻き狩りには勢子《せこ》として加わっている。

一回の巻き狩りで五頭のクマを仕留めたことがあったとか。

「あやー、春だったな。黒石市の猟友会と合同で十数人でやったんだ。つぎの日も一頭とったナ。場所は笹内川の新谷沢よ。県の猟友会の会長も来たんだ。十二湖から山越えして行ったのサ。そのとき、クマをみたこともない、もちろん巻き狩りもはじめてで、鳥しか撃ったことのない黒石の若者がワといっしょに組んでボイッコ（勢子）をやったやんだデバ。……それで竹原に行ったらサ、なんか音がするんだな。『カサカサッカサカサッ』ってナ。そこに小さな沢があってサ、ワがそっちさみに行ったんだ。なーに、そしたら若者のほうさ、クマがよ、まわっていってたんだデバ。若者ぁ、どってんぶちまけてよ。『おいおい、来てまったジャ、来てまったジャ』って、顔が青くなってまってな。にゃにゃにゃ、はーっ、そしたっキャ、その若者ぁ、撃ったんだ、二発。それがまた当ったね。腹、貫通したのよ。ドッと倒れて、沢さクマが落ちたんだ。若者、撃ったのはいいけど、おっかなくて動けなくなってしまったのよ。いやーっ、まもなくして元気出したんだけど、それから倒れたクマさ一発かけさせた（撃たせた）んだ」

――それじゃ巻き狩りになりませんでしたね。

「あやーあやあや、沢の下のほうでほかの連中が撃ってたもんで、そのクマ、危険を感じて逃げてきたんだべサ。五頭とったうちで一番大きかったナ。雄グマだったジャ。下のほうですでに四頭とってしまっていたんだナ。それで無線で『下ってこい』って連絡あったときに、その大きいクマが出てきたのサ、な」
——そのクマは二人して運んだんですか。
「あや、仲間、下のほうさいるもんで、ロープで二人してひっぱってやっと運んだデバ。ガンケ（崖）になっていてよ、そこからドッタと落としてよ。若者、クマとバひっぱるのを、おっかながって、ときどき叫び声出していたな。下のほうの仲間は、四頭もとったもんで、みんなにこにこ顔だった」

こうして二十歳で銃を手にして以来、シーズンごとにクマ猟に明け暮れていた板谷さんだが、仲間とともに旋毛虫症《せんもうちゅうしょう》を発病したのは昭和四十九（一九七四）年、春だった。三十三歳になっていた。旋毛虫症の人体症例は日本でははじめてだった。クマの生肉を刺し身で食べたのが原因である。

旋毛虫は感染すると、成虫は腸管内、幼虫は筋肉内に寄生する。幼虫（新生幼虫・仔虫）は〇・一ミリ大で袋につつまれて筋肉内に寄生し、腸管に入ると三～五日で成虫となり、交尾後、オスは死滅するがメスは千～千五百匹もの幼虫を産む。胎生である。産出された幼虫は血流にのって肝臓や肺、心臓などに入り、やがて大循環系に入って全身に散布する。症状として発疹・嘔吐・筋肉痛・疲労・知覚消失・呼吸困難・発汗・皮膚痒感・悪寒・熱感など、ほかにもさまざまあり、重症の場合は死亡する例がある。治療はきわめて困難である。

地元紙は当時、岩崎村での旋毛虫症患者の発生を「クマは食いたし……」の大見出しをつけて報じている。それによると「連絡を受けた弘大医学部の山口富雄教授らが現地診断した」のだった。

その山口教授が中心となって、この旋毛虫症に関していくつかの論文を発表している。その中で『日本医事新報』別刷（第二六六八号）「わが国で初めて発症をみた旋毛虫症について」の「患者発見の経緯」の項から、以下に旋毛虫症発生経過の概略を抜粋して紹介する。

一九七四年四月三〇日、青森県西津軽郡岩崎村で体重およそ一二〇kg、オスのニホンツキノワグマ Ursus japonicum Schlegel が射殺された。同夜、猟友会員などおよそ三〇名が集まってそれを料理して食べたが、そのうち、一八名は肉、肝臓を生（刺身）で食べている。また、持ち帰った肉を刺身で食べた者がそのほかに二名、計二〇名が生で食べたことになるが、一名は同夜酒に酔って嘔吐した。

五月一八日、全身じんま疹様の発疹をきたし、やがて発熱、筋肉痛、眼瞼浮腫などを訴えた患者が出現し、食中毒と考えられたが、五月三一日までに同様の患者が計二二名となり、能代市山本組合病院、能代市民生病院、青森県西津軽郡尾野病院、地元の村山医院などで治療を受け、皮膚の症状から、Toxicoderma とされたが、これら患者がすべて四月三〇日夜、クマ肉の刺身を食べた者であることから、クマとの関連が強く疑われた。

六月一日、著者らのうち山口は、民生病院において四症例を観察し、さらに六月二日には、村山医院において同様の患者二名を診察して、末梢血中における著明な好酸球増多、顔面とくに眼瞼の浮腫、筋肉痛などの所見から旋毛虫症を疑ったが、六月三日に至り、村山医院に凍結保存してあった四月三〇日に患者らが食べたクマ肉の残りから旋毛虫幼虫を証明し、本症例がわが国における最初の確実な旋毛虫症であることを確かめた。

これまでに継続して観察している患者は一四名であるが、そのほかに、岩崎村を訪問していた仙台市在住者で、四月三〇日夜にクマの刺身を食べた者一名に、著明な好酸球増加、筋肉痛などがみられ、発病者は一五名と考えられる。


さらに、同論文の「自覚症状・主な所見」の項にはこう記されている。

自覚症状からすると、確かに歩行困難、呼吸困難などもふくめた筋肉の痛み、緊張が強く、また脱力感、無気力、疲労感なども大部分にみられ、訴えとしては強いものがあったが、幸いにして、これらの症状は次第に寛解し、死に至るほどの重症例はみられなかった。

旋毛虫感染源の問題のクマを射獲したのは板谷さんを含む四人だった。板谷さんの回想談はこうである。

「場所は笹内川の源流だ。……全部で十三頭とった年。で、有害獣駆除による狩猟の最終日だった。その付近を『ドンドの森』と呼んでいるんだ。あのとき仔グマが一頭雪の斜面を横切っているのをみつけたのサ。それで、その仔グマを追ったんだが見失ったんだデバ。ところどころ雪が消えているからナ。そうしているうちにべつのクマをこんどはみつけたんだ。それが旋毛虫のクマよ。沢の上流にむかって右側の尾根を下ってきていたんだナ。仲間が『いたぞ、いたぞ』って言ったんだが、ブナの木の陰に隠れて、ワには最初わからなかったんだよ。それでみんなで腰をおろして、しばらくみていたんだ。しかしそのクマは隠れたまま全然動かないんだ。みつけたのが一人だけだったもんだから『なにかの間違いじゃないか』ということになって、立ち去ろうとしたんだデバ。そのときだった、対岸の尾根のそのブナの木の陰からクマが手足をのばしたのサ。それでみんながわかったんだナ。『あっ、クマがいる』って。『いた、いたぞ』って。さあ、それから急いで沢を渡って対岸の斜面を登り出したんだ。一人だけ足の遅いのがいたので、そいつに荷物を預けて空身になって行ったのよ。そのときワも足が痙攣して、歩くのがつらかったナ。そしてサ、そのクマを三人でとったんだ」

——とったときの状況はどうだったんですか。

「三人で別れて行動したんだ。一人はクマの上方に登ったし、一人は中ツネ（中間の支尾根）を登ったし、ワは下のほうについたのサ。そしてよ、クマがサ、ワのほうさ来たんだデバ。おもいっ切りちかづけようと考えて、ワは息をひそめてシバ（柴）の中さ身を隠し、『もっと来い、こちゃ（こっちへ）もっと来い、こちゃ来い』って、ナ。クマは、雪の上さ倒れたブナの木の上を伝って、ワのほうさ来た。なーに、十数メートルにまでちかづいて来たら、気づかれたのよ。くるっとまわって、あっちゃ（あちらへ）もどったんだデバ。クソ、あのとき撃てばよかったのにナ。それでクマが雪の斜面を走っているところとバ、上さいた奴が撃った。連射したんだ。クマはいちころよ」

——四人で、そのあとクマを運んだんですか。

「あやー、最初、そのクマを背負ったんだ。しかし、大きなクマだったネ。背負ったとたんに、重くて重くて、立っているの精一杯だ。足が雪さもぐり込んで、歩けたものじゃないよ。『こりゃマイネ、マイネ』って、なったのよ。さあ、それで『川流し』で運んだサ。クマの頭さ、ビニールの肥料袋かぶせてナ」

——なぜ、頭に袋をかぶせるんですか。

「運ぶ途中で、頭さ傷つけないためだヨ。傷ついたら剝製にできなくなるべ。売りものにならなくなるべヨ……」

——紐をつけて操作しながら流したんですか。

「いや、つけないでそのまま流したんだナ。それでサ、春先の雪解けで川が増水しているべ。流れがはやくてヨ、走ってもクマさカツガエル（追いつける）もんでない。笹内川の本流さ出れば堰堤あるべ。あの堰堤とバ『どっと』落ちてしまったんだジャ。なーに、それでクマがみえなくなってしまったのヨ」

——焦ったんじゃないですか。

「あやー、あやあや、にゃにゃ。どこさ行ったもんだべって、おもってナ。探した、探した。なーに、そしたらヨ、弘西林道の一ツ森さ登っていくところ、あすこの、川原のあるザラ瀬で止まっていたデバ。昔、つり橋のあった、あすこのザラ瀬よ。いやー、苦労したよ。それが旋毛虫のクマよ。雄グマだったジャ」

——そのクマを解体して、生肉を刺し身で食べたんですか。

「あやー、肩のつけ根の筋肉に、きっと旋毛虫が入っていたんだべ。いろんな連中があつまってきて宴会を開いたんだナ」

——クマ肉の刺し身は以前から食べていたんですか。肝臓も?

「あやあや。しかしそのときは、肝臓は刺し身にはしなかったナ」

——(旋毛虫が感染して)いつごろから、どんな症状が現われたんですか。

「二週間ほどしてからだナ。体調がわるくてよ。あれは田植えどきよナ。ワは沖に網をかけていたんだが、船に乗ることもできないほど、どうも体調がすぐれないのヨ。はーっ、酒もまずくて飲む気がしねえんだ。キマヤゲデ酒壜を何回もぶっ飛ばした。自分の体がおもうようになんねえもんだから、キマヤゲデ、キマヤゲデ……。急にわるくなったのは、ホッケの鮨を食ってからだナ。じんま疹が出たわけヨ。食中毒だとおもったデバ。『ホッケにあてられたんだビョン』って、ナ。そうしているうちにサ、調子わるいのが何人か出たんだネ。『ナ(汝)もワ(我)も調子わるい』ってヨ。それで一人が『今日、病院さ行くからナも行かねぇか』ということになったのサ。数人でいっしょに出かけたんだが、そのまま即、入院だ。ありゃ、伝染病患者におもわれたんだナ、きっと。『箸さえも使うな』って、言われたんだぞ。にゃにゃ、隔離されたのサ。はーっ、熱が出て、汗がどっぷり出てヨ。ベッドのシーツがべしょべしょに濡れてしまんたんだ。それに全身がしびれて痛くてナ。全身にぶつぶつぶつぶつ……とじんま疹が出ていたヨ。それで苦しいからヨ、『いっそのこと死ぬなら瞬間にはやく死ねばいい』って、キマヤゲルのでそうおもったデバ」

旋毛虫感染源のクマを刺し身で食べたのが四月三十日、入院したのは五月十八日のことである。その後、山口富雄弘前大学医学部教授らの診断で旋毛虫症疾患であることが判明し、生きた旋毛虫幼虫が検出されたのは七月十九日。猟犬を解剖したのだった。四頭の猟犬を剖検した結果、三頭から旋毛虫幼虫の感染が証明されたのだが、そのうちの二頭を板谷さんが提供した。検出された旋毛虫は「岩崎株」と命名された。岩崎株はいまも弘前大学の寄生虫学教室で培養され、抗原作成や各種実験に役立っている。

旋毛虫症の判明から、生きた幼虫の検出まで二カ月間も要したのは、日本ではじめて旋毛虫症にかかったことを、地元関係者が不名誉なできごとだとして口をつぐんでいたからだといわれている。山口教授らは定期的に診察しているうちに、ときには酒を酌み交したりしながら、しだいに地元関係者と打ち解け、旋毛虫感染源としてのクマ肉を猟犬に与えたという証言を得たのだった。

板谷さんが証言者だ。

「アカとシロという二匹の犬にクマ肉を食わせたんだ。二匹とも紀州犬だ。ワは入院していたんだが、感謝されたよ」

――犬がかわいそうだという感情はなかったですか。長年猟をともにしたんでしょう。

「ふん、犬か。犬なんか煮て食ったりすることもあるんだ。ふん、犬に情をくれるもんじゃねぇ。山で獣とたたかって死んだわけじゃねえんだぞ、うわっははは……。でもヨ、アカとシロの仔どもがなあ、ありゃ気の毒だったヨ」

板谷さんが撃ち損じたクマとたたかって、腹部をえぐられ血まみれになって瀕死の重傷を負ったのだ。近所の人の話によると、板谷さんはその犬を背負って泣きじゃくりながら山を降りてきたのだった。板谷さんは、もはや生きながらえないその犬を射殺した。犬の墓がいまも板谷さんの庭にある。

「ふん、クソ、あのクマの野郎。あの犬はかわいそうだったナ。ふん、酒飲んでもうまくはなかったナ。あのクマの野郎、逃がしてしまったバッテ。キマヤゲだけど、仕方がなかったサ、ふん。……でもナ、ありゃ、もったいない犬だったヨ。もう一匹の犬と二匹で、ノウサギだのアナグマだの、獲物を噛み殺して、ワとバ迎えに来るんだネ、ほら。もう一匹の犬が馬鹿でかくて、そいつが獲物を噛み殺すと、小さいほうのそれがヨ、尻っぽを振ってワさ知らせに来るんだネ……」

――これまでいろんな犬を飼ってきたんですか。

「ンだ、あやー。そのワが撃ち殺した犬の仔どももいい犬だったな。あれも、ほら、秋にカモシカに突かれてナ。あのときもキマヤゲデ、キマヤゲデ……。角で尻のほうを引き裂かれてしまんだネ。歩けなくなって苦しそうに捻り声を出してナ。抱きながら山を降りたんだ。出血が止まらなくて……。いやー、あのときもつらかった。苦しそうに唸ってナ。しばらく生きていたけど、春先に死んだヨ」

――旋毛虫症で治療をうけて、自覚症状がなくなるまで、どれくらいの期間がかかったんですか。

「うーむ、仕事はしていたんだが、体が痛かった。じんま疹も出ていたし。治療費や入院費は無料だったナ。まあ、体調がふつうにもどるまで三年ほどかかったようだ」

旋毛虫症は、幼虫の潜伏後、完全に治癒するまでには数年はかかるといわれている。

板谷さんはいまでは快癒したけれど、クマ猟へは出かけなくなった。「今年は青物《あおもの》（山菜）も採りに行かなった」と私と会ったとき話していた。理由をきくと、「大儀になったんだべ」という。

板谷さんが最後にクマを仕留めたのは稲刈りどきだった。収穫期を間近にひかえて、稲を喰いに来たクマが罠にかかったのを、たのまれて行って撃ったのだ。罠は「クグス」と呼ばれ、ノウサギとりの罠と同じ仕組みだが、その針金の部分をワイヤーでつくるのである。クマの通り道の樹木や打ち込んだ杭にワイヤーを固定する。クマは罠にかかっても死なないから、それを銃で仕留めるのだ。

「……連絡をうけてつれていってもらったんだが、知らせに来た奴が興奮してナ。『クマだ、クマだ』と叫ぶばかりで、罠の場所をすぐにはおもい出せなくてサ。『どこだべ、どこだべ』って、あっちへ行ったりこっちへ来たりでひと苦労したヨ。ようやくみつけて撃ったんだ。そんなに大きくもないクマだった」

――ちかごろはクマは田圃に出てこないんですか。

「あんまり聞いたことがないな。昔と違って、クマも少なくなったんだべヨ」

板谷さんは終始、笑顔を絶やさず話す。

「世の中変ったしナ。自然も変ったしナ。スギ林じゃ、炭焼きもできないし、クマだって棲めないべサ」

増えているのは人間だけだ、とでも言いたげだった。

板谷さんは四反歩ほどの田圃を耕し、磯漁を営み、母と二人で暮らしている。

（一九九五年『白神山地　恵みの森へ』）

白神山地に生きる

金アユの川

奥口儀三郎さんは、この数年来、春が来るたびに付近の赤石川へ出かけてゆく。赤石川は白神山地のブナ原生林から流れ出し、流程約四十五キロ、日本海に流入する。河口の左岸に、奥口さんの暮らす牛島《うしじま》という集落ある。奥口さんの家から赤石川までは百メートル足らずだ。ゆるやかな坂道を降りていくと川岸に出る。天気のいい日には上流に、津軽富士とも呼ばれる岩木山《いわきさん》の白雪をいただく山容がみられる。反対に下流方向へ視線を転じると、波打ち寄せる日本海のひろがりが見渡せる。早春、風はまだ冷たいが、それまでの鉛色《にびいろ》の冬空に変って青空がみられるようになる。海も川も、その青空を映し出す。

このころ、ブナ原生林に覆われた源流の山々でも、枝先の冬芽がふくらむ。気温が上昇するといっきょに芽吹く。日ごとに春めく風が吹き渡り、残雪も消えてゆく。

こうなると山々の風景はブナの若葉で塗りつぶされる。赤石川の雪代水がおさまるころ、河口付近ではカモメがしだいに数を増す。カモメを、この地方では「ゴメ」と呼ぶ。四月下旬から五月上旬にかけて、幾千羽というゴメがあつまり、海から溯上するアユの稚魚を餌食《えじき》にするのだ。奥口さんによると、昔もゴメはあつまってきたが、いまほどではなかった。それが川の水量が減り、流れが浅くなるにつれて増えてきたのだった。

減水の原因は上流域のブナの過剰伐採だ。加えて、いまから四十年前の昭和三十一(一九五六)年、上流に発電用ダムが建設され、ここで取水された河川水が導水路によって他地域の発電所に送られ、使用後日本海に放出されているという現実もある。要するに、ダムから上流域の水が基本的には下流へ流されてはいないのである。

ダム完成当時、下流域はブナ原生林に覆われていたので、その保水力で川の水量は豊富にあった。ところが白神山地を東西に分断してのびる弘西林道の開通以後、下流域のブナ原生林が伐採され、山々は保水力を失った。必然的に赤石川の水量も激減した。それにつながる悪影響は内水面漁業にも及び、沿岸漁業にも大打撃を与えた。

山と川と海、これらが一体化した自然環境があり、その恩恵に地域社会は依存している。自然が破壊されれば、その自然が提供する恩恵をも失うことは、道理と言える。地域社会の経済・文化は衰退し、住民の中には家や屋敷を売り払って故郷を捨てて働きに出る者が続出した。

赤石川流域の村はさびれていった。山は丸裸になり、川の水位は低下し、アユの数は減った。しかも水量が豊富だったころと違い、川底が浅くなったので、ゴメはいとも簡単にアユの稚魚を餌食にすることができた。奥口さんにはそれが心配のタネなのだ。

赤石川のアユは「金《きん》アユ」と呼ばれ、とくに珍重されている。

津軽藩政時代は藩に献上されていた記録がある。当時、河口から大然《おおじかり》という集落までの約十二キロの間に、簗《やな》が六ヶ所あり、大漁の年は一簗で一万尾もとれたという。

六ヶ所あった簗は現在では一ヶ所しかない。簗にかかるアユも天然溯上の金アユは少なく、ほとんどは県外産の放流モノである。地元では赤石川の金アユに対し、県外産の放流モノは「泥アユ」、またおなじ白神山地でも隣接する深浦町の追良瀬川のアユは「銀アユ」と呼んでいる。金アユはその姿態の美しさからひと目でわかるらしい。エラブタから尻ビレにかけての部分が金色に輝いている。あわせて美味である。

その金アユは赤石川の豊かさの象徴であり、住民の誇りだった。奥口さんが少年のころ、赤石川の水深は深いところで数メートルもあり、夏になると、少年たちは橋から飛び込んで水泳に興じたものだった。流れは青々として生気躍動し、至るところが腰切りの深さになっていた。むろんいまとくらべものにはならぬほど魚影も濃い。少年たちは数人で横一列に並び、浅瀬で川底に手のひらを押しあててつかまえた金アユを、遊びな

赤石川のブナの緑陰で、魚信をさぐる。心さやかに釣り人は風景に溶け込む。

がら川原で田楽焼きにして食べたという。

ところが、膝下までの長靴をぬらす程度で、いまでは容易に渡れるほどに水量は減っている。夏の渇水期に酸欠状態で金アユが呼吸困難に陥り、大量死することもあった。住民の生活面でも地下水の低下で井戸水がかれたりなどした。

奥口さんによると、自然を組末に扱ったことの報いなのだ。奥口さんは毎年つづけて、いくばくかの金銭を地元の小学校に寄付してきた。それは小学生たちが川を清掃してくれていることへの感謝の念からだった。

奥口さんはこう断言する。

「人をも自然をも大切にしなければいけないのだ。まして廃棄物などで地球を汚すのはとんでもない。川でもおなじことだ。環境をきれいにするのは人間の役目じゃないか。きれいにしていれば人間も生きつづけてゆける。それに人びとは互いに助け合う気持ちがなければだめだナ。それが大切なことぐらい、生きていればわかるだろう」

人びとはふるさとについて考えなくなったという。利殖に走り、村を捨て去る。それで村は活気を失う。人びとのいなくなった村で、道路だけは舗装され立派になった。

奥口さんは金アユも含めて川を蘇生させたいと願っているのだ。そのため金アユ復活の署名運動をつづけている。さらに、日本海に放出されている発電用の河川水を取り返す運動にも参加している。自然が昔のような豊かさを取りもどすなら、きっと村にも活気が出てくるだろうと信じて疑わない。

奥口さんは大正二(一九一三)年生まれだから今年満八十二歳。魚の行商をしていたが四年前にやめた。私にこう語ったことがある。

「この先、そんなに長くも生きられないだろう。あと一、二年がいいところかもしれない。かりに明日に死んでもたいした未練もないが、心残りなのは赤石川の金アユだ」

奥口さんによると、金アユは自然からの授かり物である。

その金アユの稚魚が、風もなごむ若葉の季節、日本海から赤石川を溯上する。この時期、連日、奥口さんは金アユの稚魚を餌食に群がるゴメを追い払うため川へ出て行き、一斗缶を打ち鳴したり、石を投げつけたりするのだ。が、残念なことにほとんど効果がない。それでも決してくじけず、しかも人びとの嘲笑にも耐えつつ、つづけている。

アイコ採り

ブナの森は若葉の季節を迎えていた。温暖な、じつに天気のいい日で、一片の雲もない青空には清爽《せいそう》の気がみなぎっていた。風がなければ肌が汗ばむほどだが、ときおり吹き過ぎる乾いた風は、それだけに快い感触を残してゆく。

津軽国定公園十二湖はブナの森にとり囲まれた数々の湖沼が散在し、ハイキングコースとしてさまざまな施設の完備された景勝地である。背後に、その名が示すごとく崩壊地のある崩《くずれ》山がそびえている。崩壊地の部分は、とくに大崩山と呼ばれて、そのてっぺんからは十二湖はもちろん日本海の眺望も得られる。

夕方、日本海の日没を背景に十二湖を眺めおろしたことがあった。そのときは白神岳から縦走したのだった。早朝、五能線の陸奥黒崎《むつくろさき》駅をたち白神岳に登り崩山を経由し、その日のうちに十二湖へ下山する縦走コースは健脚向きである。夏と秋の二度、そのコースを日帰りで縦走したことがあった。いずれも二十数年前のことである。

今回、十二湖と陸奥黒崎駅の中間にある松神という集落の知人宅に私用で行くついでに、崩山に登ることにしたのだった。十二湖の鶏頭場《けいとうば》の池と青池の間はわずか数メートルだが、そこに登山口がある。コースタイムは約一時間三十分。道はきれいに整備され、ブナを主体にした夏緑広葉樹林の中につづく。

初夏のころは、樹冠が濃緑になるにはまだ間があるので、若葉のすき間から陽光がさし込み、風も吹き込み、森の内部は真夏にくらべてさわやかで明るい。林床には幾種類もの山野草が色とりどりに花を咲かせている。シラネアオイ、ミヤマカタバミ、サンカヨウ、エゾエンゴサク、キクザキイチリンソウ。低木のムシカリは林内に白い花をみせていたが、ムラサキヤシオはまだ真紅の蕾だ。小鳥のさえずりもきこえてくる。ミソサザイ、キビタキ、シジュウカラ、ツツドリ……。

森は色彩豊かで、しかもにぎやかである。

道端に古びたザックが置かれてあった。そばにアイコがこんもりと積まれてある。アイコというのは方言だが、ミヤマイラクサの若芽で、山菜の一種だ。

さらに登っていくと、山菜採りのおじさんと出会った。ザックの持ち主であり、アイコを採っていた。「こんにちわ」とあいさつしても、耳が遠いのか、返事がない。こん

摘みとったアイコをバイクの荷台に括りつけ、帰途につく。まあまあの収入だ。

な場合、静かに近寄っていきなり大声を出すと相手が動転する。それで以前、ひんしゅくを買ったことがある。

と、むこうがこっちをみたので私は手を振った。しかし相手は私を無視する。すでに私に気づいたわけだから、こんどは大声で「どんですバ、いっぱい採れスたガー（どうですか、たくさん採れましたか）」と聞く。「まだちょっとはええな」という答えが返ってきた。

ヘルメットをかぶった身なりは、山菜を採るにしては一風変っている。クマに襲われたときの危険防止にそなえてのことかとおもって聞くと、そうでもない。要するに、たいした意味はなく、はち巻きみたいなものなのだ。クマよけ・蚊よけ対策として蚊取り線香をケースに入れ、腰にぶら下げている。

おじさんは六十四歳。愛知県の自動車工場へ出稼ぎに行っていたが、六十歳でやめて故郷に帰ってきた。

「何年も長いこと旅に出ていたが都会の生活は窮屈で、それにくらべると故郷は広々として、のんびりでいいよ」

出稼ぎは、おじさんにとっては「旅に出る」ことだった。旅から帰ってきて、自分の山にあるスギの造林地をたまに手入れする以外は遊んでいるのだと話す。その遊びが山菜採りである。早春のアザミにはじまって、ボンナ（ヨブスマソウ）、アイコ、シドケ（モミジガサ）、コゴミ（クサソテツ）、ワラビ、ゼンマイ、タケノコ。ミズ（ウワバミソウ）なら夏の終りごろまで豊富にある。

一般に山村ではどこもそうだが、四季を通じて食卓に山菜の途切れることがない。乾燥させたり塩蔵したりして保存しておくのだ。

おじさんは名前を七戸定市といったが、この日は知人に頼まれて、早朝五時からアイコを採りに山へ入っていたのだった。アイコのほかにワサビも採っていた。ワサビは細かく刻み、熱湯をかけたのち、アイコに混ぜて塩蔵する。塩蔵したアイコは、春の七草《ななくさ》粥《がゆ》に混ぜて食べたりもするのだとか。また、ワサビはすりつぶして味噌と酒粕を混ぜ込

夫婦でアイコを揃えて束ね、市場に出荷する。山菜時期の収入源でもある。

み、ビン詰めにして保存してもいいそうだ。

私はおじさんとしばらく話し込んでから別れ、崩山に登った。そして下山の途中で、再び出会った。おじさんは登山口にある青池の岸辺で、太く長いアイコを採っていた。普通アイコは十数センチの丈だが、その三倍ほどもある。短くは切らないで、一本漬けにするのだという。

このあと、おじさんは山菜をバイクの荷台にくくりつけ、帰宅した。偶然にも、おじさんの家は松神集落にある知人宅のむかいだったので訪問してみた。

おじさんは夫人と二人で離れの小屋で山菜の加工処理にあたっていた。その日のうちにゆがいたり漬けたりしないと、堅くなってしまい、味が悪くなる。知人に頼まれたアイコは一定の分量の太さに束ねられた。親指と中指で握って束の太さを決めていた。両方の指先がくっつく程度の太さなら市場に出まわる分量なのだ。それにおまけをつけて指一本分をあけて太くし、手際よく束ねていた。

山菜採りにいっても、昔にくらべると、だんだん減っているという。ミズなどは同じ場所から三年採りつづけると消滅してしまうらしい。至るところに林道が開設され、山に入りやすくなったことからくる山菜採りの増加が原因だそうだ。地元の人だけでなく近くの都市部からも車で押しかけてくる。余暇の増大に伴い、にわか山菜採りは増加の一途をたどる。

それほどに自然は吸引力があり魅力的とも言えるのではあるまいか。

おじさんはプロの山菜採りではなかった。天気のいい日は、山に入って山菜採りをするのが、若いころから好きなのである。気分がせいせいするという。

「天気のいい日には山へ行くのが一番幸せだ。なにが楽しいというわけでもないが、健康にはいいだろう」

明朝も山菜採りに行くのかと聞くと、おじさんは笑いながら、こう言った。

「休養する」

その夜、雨が降り出し、あくる日の午前中降りつづいた。

また、湖底に沈む村

弘前市の市街地からりんご園と水田からなる田園地帯を抜け、岩木川沿いに上流へ車で三十分余り行くと、中津軽郡西目屋村にある目屋ダムに着く。岩木川を塞き止めて、昭和三十五年（一九六〇）に竣工したダムである。

人造湖は美山湖《みやまこ》と呼ばれている。山腹を切るように、その美山湖の縁につづく道のそばに軒を連ねているのが砂子瀬《すなこせ》集落だ。

雪解けのころは満水の美山湖だが、それ以外の時期、減水すると、水没した集落の跡地が湖底に姿を現わす。曲りくねった道や石垣、家々の庭、学校跡などが、かつての集落のたたずまいを想像させる。懐深い山峡にカヤぶき屋根の家々が建ち並んでいた当時、ほとんどの人びとは炭焼きを生業としていた。いまにその名残りを伝えるものは、野良着姿の娘が炭俵を背負子につけて背負う「目屋人形」と呼ばれるおみやげ品である。

西目屋村の背後にひろがる白神山地のブナ原生林地帯に大規模林道が着工十一年目で開通したのは昭和四十七年（一九七二）だった。弘西林道と呼ばれるものだが、これは目屋ダムが完成して二年後に着工されている。この弘西林道が開通後、たったの十年足らずで周辺のブナ原生林が伐採され、幾千年の昔から生きつづけてきた森の生態系は破壊された。

　そして十年後、さらに奥地のブナ原生林伐採を目的に青秋林道が着工されたのである。この青秋林道計画は全国的な反対運動で開設工事中止に追い込まれた。結果として、白神山地に残されたブナ原生林地帯の核心部は日本最大の自然環境保全地域の指定をうけ、未来への遺産としてユネスコの世界遺産条約の登録地となった（平成五〈一九九三〉年）。

　しかし、西目屋村に押し寄せる開発の波は途絶えたわけではなかった。青秋林道開設計画は中止になったものの、再びダム建設計画が具体化し、本体着工に先立ち、水没移転者補償交渉が予定されている。津軽ダムと呼ばれるもので事業予算千四百億円。目屋ダムにはじまる岩木川をめぐる一連の巨大開発計画の中で、もちろん最大規模である。津軽ダム工事事務所によると、着工予定は未定だが、用地買収・補償計画の段階にある（平成九〈一九九七〉年現在）。これによって現在の砂子瀬や、その上流の川原平《かわらたい》集落は完全に水没し、全所帯が移転を余儀なくされる。その数百七十九世帯約七百人。西目屋村の現在の人口が二千五百人弱だから、水没移転者数の占める割合は約二十八パーセント。まさに大騒動である。

　奇態なことに、西目屋村ではこれまでの開発に協力促進体制をとりつづけてきたのであり、今回の津軽ダムの場合も例外でない。青秋林道計画の場合は外部からの反対運動で目的を達成できなかったが、しかし残されたブナ原生林が、世界遺産条約に登録されたので、そのブランド性は国際的なものとなった。それだけに西目屋村を含めたかつての開発派、それに保護派が玉石混淆の状態を呈し、本質からずれたところで気持ちが舞い上がっているかのようである。

ここでは豊かな自然遺産としてのブナ原生林も、それに隣接する地域での巨大ダム開発も、どちらも観光やカネに結びつく資源ということで同次元に論じられているのだ。本質的には環境・文化保全に対する破壊であり、構図がまったく対照的で相反するはずなのに、それがタブーであるかのごとくだれも問題にしないのが不思議でならない。

他方、地元弘前大学教授を中心に、世間体は自然保護派を売り物にする連中があつまって、ダム完成後の周辺地域におけるリゾート開発計画にかかわる会議を開いているのだから、先見の明というか、便乗主義、その段取りのよさに啞然とさせられる。しかも皮肉なことだが、会議の会場に使われた民宿では、ダム建設には数少ない反対の立場なのである。

民宿の女主人・三上やゑさん（五十九歳・当時）にすれば、今度のダム建設で二度の水没移転を余儀なくされるわけだから、その不安な気持ちを逆なでされるような激怒を覚えたのは当然だった。三上さん一家は前回の水没のとき、砂子瀬集落を出て弘前市内に移転している。ところが生活環境が合わなくて姑のタマさんが不安神経症に陥り、村へもどってきた体験を持つ。

今度の津軽ダム建設で、砂子瀬集落の人びとは二度の水没移転を体験することになる。三十数年前になるが前回は八十六戸、うち二十戸ほどは村外に移転した。村外からもどってきたのは三上さん一家だけである。幸運なことに、三上さん一家にはわずかだが土地が残されていたから可能だったのだ。しかし今度はそれも許されない。

当時、タマさん一家は下白銀町《しもしろがね》という、弘前公園にほど近い閑静な住宅地に移り住んだ。昭和三十一（一九五六）年のことでタマさんは五十五歳。他に次男夫婦がいた。次男の元作さんは二十六歳で、妻のやゑさんは十九歳だった。

若い夫婦は山奥の谷間から出てこられたことを喜び、「マチ」すなわち弘前市内での生活になんの不自由も感じなかった。やゑさんは岩木山麓百沢《ひやくざわ》集落の出身である。水没移転で「マチ」に出て生活することを条件に、昭和二十九（一九五四）年の冬、タンスや長持をつけた馬ソリに乗って嫁いできたのだった。長男に嫁ぐものとばかり思ってきたら次男だったとわたしに話してきかせ、屈託がない。

「マチ」に住んで二年後、砂子瀬集落に帰る決心をしなければならなくなった。原因はタマさんにあった。もともとタマさんは、弘前市内へ移転することには気がすすまな

過疎集落では女たちが主役である。男たちが不在でも伝統行事はつづけなければならない。春の獅子おこしと秋の獅子おさめは欠かせない行事だ。雪解けの春、保存しておいた獅子をとり出し、衣裳を乾かしてつくろったあと、神社へ参拝にむかう。

ダム建設でふたたび水没する運命の過疎集落。補償金でつくられた公民館の一室で、婦人たちによって、伝統行事の獅子舞が披露された。観客はだれもいない。

かった。ひとくちにいって故郷への愛着を断ち難く、激変した生活環境に適応できなかったのだ。やゑさんの言葉を借りると「頭がおかしくなった」ようなのであり、「目屋さ帰りてえ」と衝動的に泣き叫んだりするのである。わけもなく苛立ち、ときには怯えているようでもあった。とくに隣家が火事になってからというもの、症状はいっそう激しくなった。

そこで困り果てたあげく、元作さん夫婦は家や土地を売り払い、タマさんの願いをかなえてやるべく砂子瀬に戻ったのである。いまでこそ車で簡単に行ける距離だが、そのころ〝冥途のみやげ〟に「マチ」を見物に弘前市内へ一生に一度行けるかなどといわれるほど、砂子瀬といえば遠隔の地であった。白神山地がつらなり、平野部からみると袋小路になった山峡である。

しかし、そこにははるかむかし、日本海沿岸から白神山地を越えて移住した海賊の伝説や、奈良の大仏鋳造に銅を献じたと伝えられる尾太《おっぷ》鉱山などもあり、山奥とはいえ、縄文時代以来の由緒ある土地柄でもあった。

弘前から砂子瀬集落にもどったとき、三上さん一家の生活は目屋ダム建設でできたダム湖（美山湖）岸の石ころだらけの台地を造成することからはじまった。まず小屋を建て、畑を耕し、貧苦に耐えつつこつこつと働きつづけて生きてきたのだった。長男の誕

一斉に行われた川原平の田植え作業。村落共同社会の風物詩でもある。

生記念に植樹したスギも、いまでは電柱ほどに大きく太く生長している。そのころ植えたサクラや、鉱山で働いていたころに植えたグミの幼木も、三十数年間にずいぶんと大きくなっている。ほかに、以前から自生しているクルミの木があり、実がなると、サルやリスがあつまってくる。最近、玄関わきのケヤキの木に天然記念物のクマゲラが来て一騒ぎしたこともあった。

五十五歳で村を去り、二年後にもどってきたタマさんは病気が快癒し、平成二年（一九九〇年）九月、老衰による心不全で逝去した。享年八十九だった。

家の裏の畑には野菜や果物が植えられてある。私は取り残された末成《うらな》りのイチゴを摘んで食べながら、やゑさんの話を聞いた。

苦労して築き上げてきた土地や家を補償金で手ばなし、住み慣れた土地を離れなければならないつらさや、前途への不安をやゑさんは訴える。

水没移転予定者の大多数は補償金をあて込んで、ダム建設には賛成である。このため一度村を出て行った希少な体験者としてのやゑさんの意見に耳を貸す者などいない。

「よその人がたにはそれぞれ事情もあろうけど」と前置きして、やゑさんはこう話す。

「人生はカネではないのに、カネで始末するしか方法がないんだベガ。ダム建設の犠牲になり、二度も私たちを移転させる、つくる側の人がたの気持ちはどうなっているもんだべ。苦しんでいる私たちのことを少しは考えてくれてもよさそうなものだが」

書生論かもしれないが、津軽ダム建設は環境・文化破壊型開発のきわめつけである。目屋ダム竣工後、ことし（平成二〈一九九〇〉年）でちょうど三十年。この間、過疎化は著しく進行した。男手はなく、年中行事の獅子舞いでさえ、女たちによってかろうじて保たれている状態だ。そしてこの過疎の集落でふたたびダム建設計画が進行し、跡形もなく飲みこまれようとしている。

やゑさんは今年五十三歳。三十年前のタマさんの年齢に近づいてはじめてタマさんの人生からひとつの教訓をえた。それは多額の補償金を入手しても、生活環境が変われば生きる術を失うことにもなりかねないということである。

追記　津軽ダムは平成二十年（二〇〇八）に建設工事がはじまり、平成二十八年（二〇十六）に完成。それに伴い、砂子瀬と川原平のふたつの集落、併せて百七十九世帯が水没移転した。

林業に生きる

大槻千恵蔵さん（五十八歳・取材当時）は三十一歳のとき中津軽郡西目屋村にやってきた。二十六年前の昭和四十四（一九六九）年のことである。半年ぐらいなら、という軽い気持ちで出張してきたのだった。ところがその後、半年が一年になり、故郷の秋田県八幡平村《はちまんたい》（現・鹿角市《かづの》）から妻子を呼び寄せ、住みつくことになる。

大槻さんは大学卒業後、商社に就職した。七、八年たったころ、都会での生活に決別し、故郷に帰って地元の製材所に勤めた。まったく畑違いの仕事だった。が、都会生活にくらべると、のびのびとした環境で働けることがうれしかった。それに山の自然にかかわる林道関係の仕事には興味があったのだ。「もともと田舎育ちだから都会生活は息苦しくてなじめなかった」と大槻さんは述懐する。

勤務先の製材所から西目屋村へ派遣されたのは、西目屋村にあるりんご箱製造工場の経営をまかされてのことだった。そのりんご箱製造工場の経営者は借金苦で夜逃げしていた。それで抵当流れになっていた工場を製材所が買い取ったのだ。

当時、りんご箱の材料はブナだった。良質のブナは家具や楽器の材料として、丸太のまま国鉄（現ＪＲ）の貨車で県外に送り出される。残りのブナは製箱材に使われた。

大槻さんは現在は弘前市内に住居を構えているが、西目屋村に来たころは工場の近くにあるカヤぶき屋根の古い大きな農家を借りて生活した。それまでの夏の期間しか製造しなかったりんご箱工場を冬期間も稼働させた。このため、冬は出稼ぎに明け暮れていた従業員も、出稼ぎをやめて通年で働けるようになった。しかし最初のころは、他郷者《よそもの》ということで信頼されず、仕事が終われば毎晩のように従業員との親睦をかねて酒を酌み交わしたものだという。なにしろ大酒飲みの多い土地柄だけに、毎晩の飲酒量は制限があったとはいえ、人並みはずれている。一人一升、そのほかに全員で一升。たとえば酒席に五人参加したとすると、飲酒量は六升である。二人なら三升ということになる。それでも飲み足らずに、車で三十分ほど離れた弘前市内の歓楽街へ出かけていったというから、凄まじい体力の持ち主たちである。

りんご箱製造工場は製材所の分工場としてスタートした。その後、経営的にも軌道に乗り、昭和四十八（一九七三）年に大槻さんは分離独立、現在の弘西木材有限会社に社名変更する。この前年、西目屋村と、その背後に連なる白神山地を横断して日本海岸と

冬山伐採。チェンソーで伐採したブナ材をブルドーザーで搬出する。

を結ぶ弘西林道が完工。白神山地における林野庁の大面積皆伐がはじまった。白神山地でのブナ原生林の伐採・搬出に伴い、弘西木材は最盛期を迎える。当初数人だった従業員も三十五人に増えた。

大槻さんは、景気のいい時代だったと当時をおもい出す。

秋、稲刈りが過ぎると、山に小屋掛けして、十二月から翌年三月いっぱい、その山小屋に宿泊しながら冬山伐採作業を行う。四月中旬、雪山が春めくころ、ブルドーザーで道を除雪して伐木を搬出する。昔は、そのときの除雪費を差し引いても利益はあったが、いまならそうもいかない。輸入材が市場を占めるようになって以後、商売がしにくい状況になった。価格競争で完全に主導権を奪われてしまったのである。現在、国内での木材消費量の七十五パーセントを輸入材が占めている。

白神山地の周辺町村では工場閉鎖や倒産する会社も出はじめた。青森県側では、現在、弘西木材を含めて二社が残っているに過ぎない。自然保護問題に関連する伐採制限も悩みのタネである。白神山地における自然保護運動の成果として林道開設工事が中止となったのは周知の事実だが、当該地域の保護保全をめぐる会議に、大槻さんは開発側の代表として出席している。大槻さんの考えは、もちろん保護側に全面的に賛成するものではないが、といって開発すればそれでいいというものでもない。

大槻さんは自然保護の重要性を十分に認めたうえで、都会の自然保護論者にはなお懐疑的である。大筋の理由はこうだ。工業化・人工化されて便利な都会生活は資源供給の立場から地方の地域生活者にささえられているであり、このことの社会構造を無視して自然を手つかずに「ただ残せ、伐るなでは大人の論理じゃない」。白神山地のブナ原生林問題では保護団体に直訴状を送ったこともある。実際、都会の人びとにかぎらず、地元住民の生活の実態や考えを理解しようともしないで、個々人の思惑を第一義として自然保護を論ずるむきは少なくない。

大槻さんは現在、青森県広葉樹製材協同組合理事長と青森県チップ工業会副会長の要職にある。山村地域社会の衰退と、国土保全につながる〝山の手入れ〟は表裏一体であることから、その打開策を考えている。現実に、山村は老齢化し、山林には管理の手がまわらない。山林労働者の老齢化は一方で事故多発の原因にもつながっている。また状況として、林野行政は現業部門の切り捨てを進行させつつある。

弘西木材も従業員数はかつての三十五人から二十五人に減少した。前途多難はいうまでもない。平均年齢も、大槻さんと同世代の五十代半ばである。若者を定着させるには安定収入の道がひらかれなければならないと大槻さんは断言する。都会からUターンして暮らすためにも安定収入は必要だ。ところが昔から、山仕事は気象条件に左右され、収入は不安定だった。だからといって山を大切にとり扱わなければ、水資源の供給源として下流域の生活者にも悪影響を及ぼすことになる。国土保全のためにも国家行政に考えてほしいところだ、と大槻さんは訴える。

私が訪ねたとき、若い従業員に近々、子供が生まれるといって、大槻さんは笑顔をみせていた。

両親を失った従業員を自分の子供同様にめんどうをみているのだった。その従業員の結婚問題に関連して、大槻さんの人柄がしのばれる次のようなエピソードがある。さ細な事情から従業員は相手の娘の両親に結婚を反対されたのだが、そのときの大槻さんの判断はこうである。「まず相手の娘さんに〝ハンコ〟を押してしまえば、最終的にはむこう方の両親も反対しなくなるだろう」。大槻さんはその〝ハンコ〟をつかせるための数日間の旅行休暇を従業員に与えたのだった。

話をきいていると、大槻さんの大柄でがっしりした体格と、しわがれてはいるがハリのある声が、いかにも優しそうなその内面をうかがわせるのである。

アユの友釣り六十年

八月上旬、真夏だというのに秋をおもわせる涼しげな青空がひろがっている。オホーツク海高気圧の張り出しが強く、梅雨前線が南方へ、大きく後退したからだった。赤石川沿いの土手道を歩いていると、付近の葦原からオオヨシキリの鳴き声がさかんにきこえてくる。道端の草むらに咲く月見草の群落は、しおれた花が目につき、そろそろ開花期も終りを告げていた。

赤石川は滔々《とうとう》と水量豊かに流れている。上流にある発電用ダムが開放されているからだった。その流れに立ち込んで、アユの友釣りをする釣人の姿が散見される。「今年はアユがいい」と、流域の人びとが口ぐちに話していた。

赤石川のアユ釣りには、少年のころ、父につれられてきた思い出がある。三十数年も前のことだ。澄明な淵にアユが群泳する光景が、いまでも鮮やかによみがえる。川岸で、父はドブ釣りをしていた。私はその背後で、父の釣ったアユを毛バリからとりはずす役をした。

たぶん日を改めてのことのようだが、友釣りをした記憶もある。囮《おとり》のアユを疲れさせてしまい、もちろん一尾も私には釣れなかった。それればかりか流れに立っていたため、私自身も疲れた。私は釣りを打ち切り、川原に座り込んで川の風景を眺めていた。

少年のそのころと違って、いまは川の風景も、おそらくそこで暮らす人びとの川に対する意識も変っている。私もまた変った。

「昔の豊かだった川を思い出すと、涙がこぼれる」と、その激変を語ったのは地元の古老だった。川の水量が減少した原因は、上流地帯でのダム建設とブナ林伐採である。

川が豊かで、アユがたくさんとれていたころ、流域には「アユ買い」がやってきた。アユの仲買業者である。買いあつめたアユを弘前市内の料亭に卸すのだった。そのころは土地の村びとでも友釣りをする者が多かった。いまではもはや職漁師はいなくなったが、それでも昔を懐かしむかのように、川に出てみて気分次第では友釣りを楽しむ古老も、いるにはいる。

古老の昔語りを聞きたくて、小森という集落に立ち寄り、庭先で薪割りをしている老人に声を掛けてみた。

「オド様（御老人）、オド様、このへんさ、アユの友釣りの名人はいますか」

オド様は薪割りの手を休め、曲った腰部をのばして姿勢を正しながら顔をあげた。

「名人がいるかどうか知らないけれど、このへんで友釣りをする村人なら何人かいるが、みんなワイ（我）が教えたもんだ」

「そせバ、みんなオド様の弟子でねガ」

「うーん、まぁ」とオド様は返答に窮した。

オド様は大正七（一九一八）年生まれの七十七歳。年齢をきいて、言い方や顔の肌色からうかがわれる若々しさに内心驚かされた。薪の材料はミズナラだった。そのミズナラの比較的太いのを選んでいすがわりに腰をかけ、オド様の話をきく。オド様は、話がアユの友釣りに及ぶと喜色満面にあふれて、心なしか声色さえもつややかになるのだった。

「オド様、名前コなんですバ」

工藤喜八といった。名前からして兄弟が八人以上いるのかとおもったら違っていた。四人兄弟である。兄弟の中でアユ釣りをするのはオド様一人だった。

金アユで名高い赤石川。アユ釣り師が立ち込んでいる。涼風が吹き抜けていく。

オド様がアユ釣りにのめり込むようになったのは、次のような経緯からである。オド様は小学生のころ、肋膜炎を患い、歩行に障害をきたした。家庭が貧しかったので手術を一回で全部うけることができなかった。そこで一年に一回のわりで三年つづけて手術した。しかし手術はしたものの病気は完治しなかった。傷口から間断なくうみが出つづけていた。うみが止まり、病気が完治したのは二十七歳のときだった。おかげで徴兵はまぬがれている。

オド様は少年時代から青年時代にかけての、いわば人生の重要な時期に、ひたすらアユの友釣りをしていたのだった。それは歩行不自由な者にとって、好きだの嫌いだのといった道楽の領域を超えた、自己の存在と不可分なものだったに違いない。

だから、だれに師事するわけでもなく見よう見まねで一人で工夫しながら釣りはじめ、現在に至っている。最初のころから簡単に釣れたという。そのせいか、オド様にアユ釣りの秘けつを聞いても明快な返答は得られない。そのときどきの勘に頼っていたのである。

囮のタネアユを、この地方ではエバと呼ぶ。たとえばエバにはメアユ（雌アユ）がいいだの、そのエバにつける仕掛けのハリスの長さ加減だの、風のない晴天の日が釣り日和だのといった、そんな説明的なことなどオド様にはたいして興味のあることではなかった。

昔はタモ網などもなく、そのため取り逃がすことが多々あったという。生けす缶もなかったので、川岸に小さな水溜まりを掘り、流れで掛けたアユをそこまで移動させてハリをはずさなければならなかった。なかなか手間のかかることであり、たまには取り込みの途中で流れに転倒したりもしたそうだ。釣ったアユは家に持ち帰るときまで、その水溜りに放しておくのである。

オド様は毎日毎日、シーズンになると早朝、にぎり飯を背負って家を出て夕方暗くなるころまでアユを釣って、人生を過ごしてきたのだった。昔なら、最低でも日に五十尾は釣ったのだとか。といって、多いときはその倍というわけでもなかった。

「ンだなあ」とオド様は目を細めて、遠くに視線を送りながら言った。

「多くて八十尾だナ」

なんといっても一番うれしいのは釣果の多いときだそうだ。美味なのは盆過ぎのころのアユで、卵の入っているメアユがいい。

オド様によると、そのころのアユは味覚だけでなく「ぶり」もいいのだった。ぶりというのは、男ぶりだとか女ぶりだとかいう場合とおなじ意味である。つまり、容姿である。

それにしても昔ほどにはたくさんは釣れなくなったという。腕が落ちたわけではない。アユが少なくなったのだ。それでも今年は一日で最高三十尾かけたと、オド様は笑顔をみせていた。

この日、晴天だったが、流れは笹濁りの状態になっていた。たぶん明日は濁りも消えて、アユ釣りには最適だろうと言いながらオド様は、玄関先に置かれたバケツの中をみせてくれた。ホースで水のひかれたそのバケツには元気のいいエバが一尾入っていた。

仔グマを育てる

西津軽郡鰺ヶ沢《あじがさわ》町黒森は赤石川支流深谷《ふかや》沢の最奥の集落である。この八月、開村以来初めてバス路線が開通した。通院する高齢者の便宜をはかってのことである。それまでは鰺ヶ沢町にあるリハビリテーション病院で患者用の送迎車を走らせていたのだが、その病院が倒産したため、代って一日三回、バス会社（弘南バス）で運行することになったのだ。

深谷沢に沿ってつづく道を登り詰めると、忽然と山峡がひらけ、少しばかりの水田地帯の中に人家が点在する。村人によると、その昔、六十軒ほど人家があったが、大飢饉（江戸、天明の大飢饉）に襲われ、人びとは集落を捨て去ったのだ。しかしその後、時代が変り、十四軒がもどってきた。そして現在も十四軒である。

この地方の山奥の集落にもれず、ここもまた炭焼きとマタギを生業としていたのだった。豪雪地帯であり、雪が降る季節になると集落は孤立した。その季節、村人にとって、狩猟で得た野生鳥獣は動物性たんぱく質として貴重だった。めったには食えない、おいしいごちそうだったのだ。

山田正徳さん（四十九歳）は、ノウサギやクマの解体作業を見物するのが少年のころの楽しみだったと回想する。戸外の雪が血で染まり、大人たちが得意満面でノウサギやクマを解体するのを、私も何度か見たことがある。最高の獲物としてのクマともなれば、狩猟者にとって、その喜びはなおさらのことだったろう。古老にありがちだが、刻みたばこを入れて腰から下げる印籠《いんろう》やキセルなどの喫煙道具の結びひもにクマの牙をくくりつけて名誉にしていることからも、それがうかがわれる。雪深く閉じ込められた、娯楽に乏しい山奥の集落では、獲物の解体作業ともなると、もう祭り気分で、活気にみちた雰囲気が現出する。

そうした解体作業を見物するたびに、少年時代の山田さんは、獲物の肉を食いたいという一念と、大人になったら自分も猟師になりたいという願望が気持ちの中で交錯するのだった。大人になった現在、山田さんの趣味は狩猟である。毎年、春秋の猟期になると、付近の山へ出かけて行く。以前は小屋掛けして、白神山地の懐深くにまで出猟していた。いまではもっぱら日帰りである。奥山へ行けばクマがいるというものでもないし、天候状態から判断してクマの行動が予測できるからだ。猟期を通じて確実にクマを射獲できる日和はきわめて少ない。その絶好の機会をとらえて出猟するのである。

山田さんがはじめてクマを射獲したのは二十数年前の春だった。五人の先輩仲間とともに出猟した。当時は村田銃である。期待に胸を躍らせ、山田さんは入念に銃の手入れをした。それがよかった。山で、見つけたクマが山田さんのほうへ突進してきたとき、そばにいた先輩仲間の銃が不発に終ったのだ。山田さんの撃った弾丸がクマの頭部にあたった。それでクマを仕留めたのだが、山田さんは先輩仲間全員にほめられ、クマの頭蓋骨をもらった。射獲者の取り分として記念に頭骨をもらうのは、この地方の慣例である。

慣例は、マタギの時代と違い、もちろんいまでは形骸化しているものの、しかし片鱗はとどめている。それはクマを射獲した直後の、山での儀式にみることができる。ひとつかみの胸部の肉の十二ヶ所に小さく切り傷をつけ、それを竹串に刺し、山ノ神に一礼して二回柏手《かしわで》を打つ。このあと逆皮《さかさがわ》というのだが、はぎとった毛皮を肉塊の頭部やしっぽと逆の位置にして、その肉塊の上で何人かで毛皮を上下にばたつかせながら、こう言うのである。

「いい皮だな。この次また授けてくれ」

山田さんによると、この儀式を省略したため、以後まったくクマに出くわさない仲間がいた。

八年前、山田さんは春山で雌グマを射獲したのだが、それが仔づれの母グマだった。五月、クマを探し求めて銃をかついで残雪の斜面を登っていたときである。ブナの巨木

仔グマにスイカを与える山田正徳さん。可愛くて仕方がない。生きがいでもある。

の雪解けの根回り穴から突然、クマが這い出し襲いかかろうとしたのだ。クマは仔グマの安全を守ろうと必死で飛び出したのだろう。しかし、それを予期していなかっただけに、山田さんは驚天させられた。無我夢中で背中の銃を持ち直して撃った。

命中した。

ほっとしていると、ブナの巨木の根元にある穴から仔グマが現われたのだった。ついで、もう一頭の仔グマも出てきた。雄雌の兄弟グマである。その仔グマをリュックザックに入れて、山田さんは帰宅した。

以来、飼育がはじまったのである。最初のうちは粉ミルクを溶かしてハチミツを混入し飲ませていた。しかし餌代も高くつくので、クルミやりんご、スイカなどに切り替えた。新鮮な草も与えた。肉類や魚類は食べないのだとか。好物はくず米である。生のまま与える。米につくコクゾウムシが大好物なのだ。

山田さんの観察によると、三年前から交尾をはじめている。クマの交尾期間は夏の、ある日、深夜から早朝にかけての半日程度だ。雄グマは冬眠から覚めると発情するが、雌グマは逃げまわったりかみついたりして峻拒《しゅんきょ》する。交尾するにはチャンスがあるのだった。その一回のチャンスを雄グマは眈々《たんたん》とねらっているのである。チャンスが到来すると雄グマは雌グマを離さない。舌を出して呼吸を荒らげ、くたびれはてるまで交尾する。

ことし三月、雌グマが出産した。いつ生まれたのか、山田さんは気がつかなかった。その日は温暖な日和だった。昼ごろ、建築用材を雪から掘り起こしていたのだが、仔ネコのような鳴き声がする。檻の中にある寝所をのぞきみた。雌グマの乳房に吸いついて離れない、黒々とした毛並みの仔グマがいた。それを見たとたん、うれしさがこみ上げてきた。「自分の子どもが生まれたような喜びだった」と山田さんは語る。

二頭の仔グマは順調に成長し、この秋には中型犬ほどの大きさになっていた。出産後、雌グマは雄グマを寄せつけなくなりケンカばかりするので、山田さんは檻を分けた。そのうち仔グマが成長すれば、さらに檻を新築しなければならない。

他人に危害を加えないよう、クマが檻を逃げ出した場合は直ちに射殺するという条件で、所轄保健所の許可を得ている。

それにしても山田さんは、クマの親仔がかわいくてたまらないのである。

母なる川　父なる大地

赤石川と並んで、白神山地のブナ原生林を流れる名河川に追良瀬《おいらせ》川がある。地勢が穏やかで女性的な赤石川にくらべて、追良瀬川は峡谷をなし、岩場や露岩が随所にみられ、男性的な景観を呈している。

こうした自然景観の違いからも察せられるように、赤石川領域では林道開設工事が容易に進行したが、追良瀬川流域では難航した。このため自然保護法で規制された地域を除くと、赤石川流域ではブナ原生林が伐採し尽くされたのに対し、追良瀬川流域では現在もなお進行中である。より具体的にいえば、国の自然環境保全地域以外の地域でも、追良瀬川流域ではブナ原生林がひろがっているのであり、そこでは林道開設工事や森林伐採が続行されている、ということなのだ。

その追良瀬川の下流域に内水面漁業協同組合が設立されたのは昭和二十六（一九五一）

年のことだった。サケ・マス魚類の増殖が目的である。組合設立当時、おりしも東北電力の電源開発に伴うダム建設計画がもち上がり、組合は補償交渉に当っている。ダムは昭和三十一（一九五六）年、追良瀬川河口から約二十二キロ上流地点に完成し、発電が開始された。

現・追良瀬川内水面漁業協同組合長の黒滝喜久雄さん（七十一歳）が編纂した『風雪のあゆみ』は、追良瀬川とともに生きてきた村の歴史を知るうえでの貴重な資料だ。その中に、当時の補償交渉に関する次のような記述がみられる。

一九五五年十二月十六日　追良瀬川筋漁業補償契約書を東北電力株式会社と締結する。①組合は会社が発電所工事竣工次第追良瀬川より取水する事について異議のないこととする　②会社の事業として組合が被る損害の補償について補償として会社は組合に金１０００万円を支払う　③会社は将来追良瀬川の会社の堰堤に魚道を設けず、かつ漁業のために特に放流をなさざるも組合は異議のないものとする　④この契約に関して苦情の申し出があったときは組合はその責任で解決し会社に迷惑をかけないものとする　⑤この契約は会社の追良瀬堰堤の存続中有効とし会社組合がそれぞれの事業を他に継承した時は勿論、改組または漁業権の更新の場合でもこれ

を引き継ぐものとする　⑥組合長　黒瀧健一

それから十数年後の昭和四十七（一九七二）年、ダムの下流域に、白神山地を東西に分断する弘西林道（現在の県道、弘前・西目屋・岩崎線、白神ライン）が開通し、周辺地域での森林伐採・搬出が本格化した。以来、川の水量は減り、現在では昔の三分の一にもみたないと黒滝組合長は憤慨して語る。

黒滝さんは、弘西林道が開通して三年後の昭和五十（一九七五）年から組合長を務めている。それ以前は最高顧問だった。

追良瀬川を臨む漁業協同組合の敷地には地元産の津軽孔雀石を研磨して昭和六十一（一九八六）年に建立された鮭魂塔がある。裏面の碑文は黒滝さんによる。その半句は鮭魂塔建立以前、事務所の張り紙に書きつけられてあった。私もそれをみたことがあり知っているのだが、次のようなものである。

限りなき父なるこの大地
恵み深き母なるこの川
和してこの故里を

これが黒滝さんの理念である。

黒滝さんは追良瀬川流域でのブナ原生林伐採中の営林署（現森林管理署）を、辛辣にこう批判する。

「先祖代々、地元住民が生活の恩恵をうけてきたふるさとの森を、営林署が赤字経営解消のため伐採し、そのツケをたれ流し、地元住民が迷惑している。山河が破壊され、村はダメになった。営林署は、まるでドロボーみたいなもんだ」

上流域の山々で破壊が進行している現在、雨が降るたびに追良瀬川は、黒滝さんによると「味噌汁のような濁り水になる」のだった。たった一ミリほどの雨量でも、味噌汁のような流れに変るという。

白神山地（青森県側）における、こうした自然破壊の元凶は黒滝さんも指摘するように弘西林道の開設である。弘西林道を黒滝さんは「三カラ林道」と揶揄《やゆ》する。一度でも通ってみると直ちにその意味が理解されるのだが、空き瓶・空き缶・折り詰め弁当のカラが腐臭を放って道端に散乱しているのだ。三カラとはすなわちビンカラ・カンカラ・弁当ガラである。

初夏の追良瀬川。生気あふれる雪代の流れでイワナ・ヤマメをねらう釣り人。

この三カラ林道の開通後、さらに新しく林道が派生し、ブナ原生林は伐採されつづけてきたのだった。赤石川を中心とする、白神山地の奥地にひろがるブナ原生林約一万六千ヘクタール（秋田県側も含む）は、自然保護運動が実って日本最大の自然環境保全地域に指定され、かろうじて残された。が、林道工事や森林伐採は依然として追良瀬川流域において続行され、地元住民は被害をうけて困っているのである。

当然のことだが、その被害は海にまで及び、山からの濁り水が運ぶ土砂で沿岸の海藻類は壊滅状態だ。

追良瀬川河口に出てみると、その日は風速三メートルだったが、沿岸海域はうっすらと濁っていた。弱風による波でさえ海が濁るほど土砂が堆積しているのだという。河口にひらけた砂浜は「大浜」と呼ばれ、黒滝さんが少年のころ、地引き網漁が行われていた場所だった。学校から帰宅するとカバンを放り出し、浜に出て網引きを手伝ったものだと黒滝さんは述懐する。また、河口には「赤岩」と呼ばれる岩が海面から突き出しているが、そこは昔、岩海苔の宝庫だった。しかし、いまではまったくみられない。黒滝さんによると、付近一帯の海面の水温は昭和六十三(一九八八)年以降二度ほど上昇しているのだ。こうした現象も山での森林伐採と因果関係があるらしい。つまり本来なら、川から流入する水量が多少なりとも冷却機能を果たしていたのではないかと黒滝さんは考える。

ブナの山々を壊し、川を汚濁させ、海にまで被害を与える森林破壊は、弘西林道下流域の追良瀬川右岸をなめ尽くし、今後は左岸に残された茶臼山東面の緩斜面の森に迫りつつある。そこはクマゲラの生息地であり、各枝沢はイワナ・ヤマメの産卵場になっている。

黒滝さんは機会をみはからって地元営林署に伐採中止を要望するが、場合によっては漁業権侵害の訴訟も辞さない構えだ。

山中のマス道

一昨年（平成五〈一九九三〉年）の秋、白神山地のブナ原生林地帯を三泊四日で横断した。横断したブナ林地帯はその年の冬、「世界遺産」登録に決定したが、それが推薦されたころから降って湧いたように当該地域をめぐる立ち入り禁止に関する論議が活発化した。青森県側について言えば、林野庁が設定した森林生態系保護地域（平成二年）の設定委員会で、当該地域は立ち入り禁止にしないということで決着がついていた。

ところがその後、ある学者が中心となって、学術目的以外の一般人による自由な入山について禁止する計画を画策しているのだ。いずれ、このことは機を改めて論ずるが、白神山地にブナの森が守り残されてからというもの、それまで保護運動に無縁だった連中がぞくぞくと登場し、状況を混乱させているのはまぎれもない事実だ。

保護運動の経緯も含めて、白神山地の実態を知らないまま、それぞれの立場から自己中心的に論じていることが混乱の原因とおもわれる。白神山地のあり方を考えるに当って、周辺地域住民との歴史的な関連性を無視してはならない。狩猟や山菜採取はもちろんのこと、生活の細部にまで及んでいたそのかかわり合いの中で、見落とされがちなのが川漁である。地元では「カガリ（川狩り）」といって、昭和三十年代までは毎年、山越えして奥山のブナ原生林の渓流へ出かけていく人たちがいたのだった。山中につづくその道は「マス道」と呼ばれている。道は津軽内陸部と日本海岸を結ぶようにして縦横にブナの森の中にのびているのだ。

そのマス道をたどって去年の秋、西津軽郡岩崎村の津梅川《つばい》から山越えして深浦町の追良瀬川に抜け、さらに山越えして鰺ヶ沢町を流れる赤石川に出たのだった。道はその先、また山越えして、津軽地方の最大河川岩木川の源流地帯、すなわち中津軽郡西目屋村の暗門《あんもん》川沿いにつづいている。昔は追良瀬川や赤石川へ、内陸部と海辺の両方の村々から住民が、このマス道をたどって川狩りに行ったのである。

しかし、いまでは体験者のほとんどが死去し、語れる者は数少ない。西目屋村砂子瀬の芦沢地区に住む工藤彦一郎さんは地区の最長老である。二十代から五十代にかけての約三十年間、毎年川狩りに行っていた。それが生活の一部でもあったのだ。川狩りにかぎらず年中、山で働きつづけてきた。尋常小学校卒業後、山での最初の仕事は炭焼きだった。

当時、村では商店以外は、どこの家でも炭焼きを生業《なりわい》にしていた。炭焼きは四季を通じて行われている。冬になると積雪が多いこの地方では、山中の炭焼き小屋から家まで日帰りでは往復ができなくなる。そこで途中に小屋をつくって中継した。「中小屋」と呼ぶ。山からは中小屋まで木炭が運びおろされる。家族の者が毎日、食糧補給もかねて中小屋へ木炭をとりに行く。人びとは木製の背負子に炭俵をつけて往来した。

炭俵をこの地方では「スゴ」と呼ぶ。または炭スゴでもいい。スゴを編むのは冬場の仕事だ。秋に山から刈り取ってきて乾燥させたカヤが材料である。スゴのほかに、ワラ

ブナの立木に刻まれたナタメ。「マス二十本」「追良瀬川」の文字が見える。刻まれてある場所は赤石川の通称クマゲラの森。杣道をたどって村へ帰る途中で刻んだと思われる。

やスゲを材料にして履物や手袋を編むのも冬場の仕事だ。履物はワラジ以外に三種類あって、それぞれに名前がついている（ノッペ、スベ、クズ）。手袋は「手モロ」という。炭焼きの合間にマタギ（狩猟）に出かけることもあった。獲物はノウサギやカモシカ、クマである。春になると、バチ橇《ぞり》を引いて薪炭材の木出し作業を開始する。ミズナラは水に沈むので流し木ができない。そこで堅雪を利用して搬出するのだ。やがて雪解けがはじまり、八十八夜が過ぎるころから「ゼンマイおり」の季節になる。足袋をはきワラジをつけ、底に四本づめのカンジキ（アイゼン）をとりつけて崖をよじ登り採取するのだが、収入がいい。新潟方面からずいぶん買い付け人が来たものだという。

そして夏は川狩りと山菜採取である。秋にはキノコ狩り、さらに狩り小屋への荷上げ作業もしなければならない。

「山仕事が忙しくて出稼ぎなどしていられなかった」と彦一郎さんは話す。地区でも評判のまじめな性格で、酒も飲まず、その柔和な表情からは山棲み人として苛酷な労働に耐えてきた厳しさを想像するのも難しい。

厳しさの一方でまた、たのしみもあったようだ。「マタギに行くとたのしかったし、川狩りに行ってもそれなりにたのしかった」。なにがどのようにたのしかったというわけでもない。彦一郎さんは山の自然が好きなのだった。

その彦一郎さんが川狩りに行かなくなったのは、林道ができてダムや堰堤がつくられ、海からマスが溯上しなくなったからだ。マスは家庭料理の材料でもあったが、山神祭や盆など祭事のごちそうとしても賞味されていた。

赤石川の二股には、当時、宿泊に利用されていた岩小屋があった。入口からブナの落葉が入り込み内部を埋めているので、いまは使用に堪えない。

その岩小屋に泊まって川狩りをし、おもわしくないときは山越えして追良瀬川にまで足をのばしていたという。追良瀬川の本流には渕滝だとか曲り渕などという場所があり、そこではマスが群れをなしていた。潜水したり箱メガネでのぞいたりして、ヤスで突くのである。ときには釣りや手づかみでイワナもとったが、それは夕食のおかずにした。付近でとったミズ（ウワバミソウ）といっしょにブツ切りにして味噌汁の具にするのだ。イワナからだしが出て野趣ゆたかな味がする。

マスは腹わたを出し、塩をまぶして持ち帰る。スジコがあればヤグルマソウやホオの葉に包む。マスを運搬する漁箱は「ダンノウ」と呼ばれ、ヤシ（サワグルミ）の樹皮でつくられていた。リンゴ箱より小さめである。その箱にマスを詰め、ニナと呼ばれる背負い帯で背負って家路につくのだ。

途中、小休止のときなど、道端のブナの幹にナタで刻み込んだ記念のナタメが、そのころの山村生活をしのぶよすがとしていまもあちこちに残っている。

彦一郎さんは大正二（一九一三）年生まれだから、現在八十二歳になる。三年前に妻に先立たれた。私は去年の冬、砂子瀬で過ごしたのだが、その間に何度か彦一郎さん宅を訪問した。正真正銘の山棲み人の生活について話をきくためである。

彦一郎さんは毎年夏が来ると、ちかくの沢へイワナ釣りに行く。それがなによりたのしみだとか。

熊の湯温泉

赤石川沿いの最奥集落は大然《おおじかり》である。一ッ森と呼ばれる円錐形の山の東側の麓に軒を並べている。道は、さらにのびて旧弘西林道につながっているのだが、その大然から約三キロ上流に「熊の湯温泉」がある。赤石川の対岸に、然《しかり》ヶ岳が岩肌を見せて聳立《しょうりつ》している。

熊の湯温泉には、手負いのクマが温泉につかって傷を癒していた、というよくある話が、その名の由来として伝えられている。主人の吉川隆さん（四十五歳・取材当時）によると、サルならいまでもときおりやってくる。

谷間にぽつんと建つこの温泉宿は、その簡素な風情もさることながら山菜料理が魅力的で、まずその多様な品数に驚かされる。山菜はもちろんのこと、イワナやアユなども含めて材料は地元産であり、吉川さんが採ってくる。客にもよるが、ときにはクマ肉が出されることもある。

吉川さんは春と秋にはクマ猟に出る。つい最近まで彼は、父の形見の村田銃を愛用していた。冬は、春グマ猟に備えて足ならしにノウサギ狩りを行う。

吉川さんの家は代々、マタギだった。マタギ巻物『山立根元巻』や狩猟に関するさまざまな道具が残っている。『山立根元巻』の奥書には延宝五年三月壱日と記されているが、この巻物は書き写されたもので本物ではないと吉川さんは話す。つまり出猟時の携帯用として書き写されたものなのだ。書き写された『山立根元巻』は二巻ある。元の巻物は先祖代々、保存されていたが、土石流による大災害で家とともに押し流されてしまったのだ。

大災害が発生したのは昭和二十(一九四五)年三月二十二日深夜だった。土石流にのみ込まれ、大然集落は瞬時にして壊滅した。死者八十七人とも八十八人とも伝えられている。原因は、雪崩で塞き止められた赤石川が満々と水を湛えたのち、春先の陽気で決壊したためだと推定される。記録的な豪雪の年で、災害発生当日は雨が降りつづいていた。大然の村びとたちは、上流に自然堰き止め湖ができていたことなどだれ一人として知らなかった。若者たちは戦争に駆り出されていた。

この大災害で大然集落は現在の場所に移転したのである。かつての集落は熊の湯温泉から約一キロ下流の、谷がひらける付近にあった。いまは水田になっている。ここから少し下流の佐内《さない》沢出合に遭難追悼碑がある。

吉川さんにその典型をみるように、大然はかつてはマタギ集落だった。が、時代とともに伝統文化もうすれ、いまでは狩猟者はごく少数に過ぎない。吉川さんも含めて、彼らは己をもはやマタギとは名乗らなくなっている。この点、白神山地の世界遺産登録にあやかってマタギを僭称する者が世間にはびこる昨今、それとは異なるようだ。

吉川さんは白神山地の管理運営をめぐって、「マタギガイド組合」設立の相談を地元弘前大学教授とその仲間からもちかけられた際、取り合わなかった。観光客案内を商売にしようなどとは論外だし、マタギなどという肩書をつける必要もない。狩猟がつづけられれば満足なのだ。

吉川さんは大人連中につれられて、中学生のころから狩猟に出かけていた。それだけに経験豊富である。が、一般的に山で暮らす人びとは寡黙であり、部外者に経験談を語りたがらない。吉川さんも例外ではない。しかしながら、酒を飲んでいるときなど例外中の例外もある。そんなときに失敗談を聞くのは愉快である。吉川さんは失敗談も少なくない。一度ならず、クマに噛まれたりひっかかれたりもしている。

承諾を得て紹介すると、その中でもひどくやられたのは数年前の秋だった。稲刈りのあとで、付近の山にマイタケを探しに行った。夕暮れ時である。いつもはみかけること

自宅の熊の湯温泉でクマの敷物に座り、狩猟談議に花を咲かせる主人の吉川隆さん。山や川の恵を授かり生きてきた。

のない場所にカモシカが佇立《ちょりつ》していたので、気配を不思議に感じたとか。昔のマタギであれば、こうした状況のときはどこからともなく獣類にみられているのだと判断し、「ケダモノが術をかけている」という表現をする。

吉川さんが斜面を登っていくと突然、上部斜面にあるトチの木陰からクマが飛び出し、襲いかかってきたのだ。至近距離であり、かわし切れずに体当りされ、下方にはね飛ばされた。クマは立ち上がって攻撃態勢をとっていた。

もはや、格闘する以外になす術《すべ》はなかった。吉川さんは取っ組み合ってウマ乗りの体勢でクマの首をしめつけた。と、クマがもう一頭現われ、吉川さんの腕を噛んだ。吉川さんは思いっ切り、そのクマを殴りつけた。自動車のタイヤを殴ったような感触がしたという。

殴られたクマは逃げ去った。ところが首をしめつけられていたクマがそのすきに体勢を立て直し、再び襲いかかってきたのだ。両手で吉川さんの頭をかきむしろうとした。吉川さんは必死で、そのクマの両肘を持ち上げた。「フーッ」とクマの吐息がきこえたが、そのあとクマは逃げた。「フーッ」というその吐息はクマの捨てぜりふのようでもあった。「お前はたいした者だな」と言っているように吉川さんには聞きとれた。

傷だらけの体で血を流しながら、吉川さんがしばしその場にうずくまっていると、かすかな物音がした。そばのミズナラの木に仔グマが登っていたのだ。仔グマはあわてて幹を伝い降りて、親グマのあとを追った。クマは親仔連れで三頭いたことになる。ただし、一頭は雄グマで母グマとの交尾を求めて付近にいたのだろう。仔グマを守ろうとして母グマが吉川さんを襲ったのではあるまいか。

吉川さんは父祖伝来の、自然の恵みに浴した暮らしをつづけている。鳥獣虫魚もともに生きられる自然を望んでいるのだ。青秋林道建設で白神山地の自然が破壊の危機に直面したとき、地元でいちはやく立ち上がり、保安林指定の解除に反対する異議意見書をとりまとめている。

昨秋、私は熊の湯温泉の宿閉まいに参加した。赤石川上流にある天狗岳という山を登りに行き、一泊したのだが、偶然にもその翌日、宿閉まいの酒宴が開かれたのだった。酒肴として、山海の珍味がどっさりあった。金アユや黒ダイの姿焼き、フグやヒラメやマダイの刺し身、そしてクマ鍋。

熊の湯温泉は毎年、薫風の初夏にはじまり、紅葉も過ぎてブナ木立の山々に木枯らしが吹くころ、宿閉まいをする。

自然保護に締め出された人びと

毎年春先には、秋田県峰浜村（平成十八〈二〇〇六〉年、八森町と合併して現在は八峰町）の友人（成田一二三さん）がノウサギの肉を送ってくれる。ことしも猟期が終って数日後、冷凍にして送られてきた。峰浜村から能代《のしろ》平野にかけての東雲原《しののめはら》と呼ばれる丘陵地帯が友人の猟場である。丘陵地帯に点在するスギ林や雑木林にノウサギが隠れているのだ。

私はノウサギ料理が好きである。友人宅に泊まりがけで、ノウサギ鍋とノウサギのスープやステーキに舌鼓を打ちながら酒杯を重ねたものだった。友人によると、農薬禍で、ノウサギは年々減少している。村のクマ狩りに同行したこともあった。

峰浜村は、白神山地の青秋林道建設問題で開発促進派の牙城だった八森町の南側に隣接している。村内を流れる水沢川の奥地に水沢ダムが建設される以前、イワナ釣りに行ったことがあるが、人里に近いわりには渓相は深山の風趣をそなえていた。

谷間には昔ながらの杣道《そまみち》がのびて、その道は峰浜村の北側に接する藤里《ふじさと》町の粕毛《かすげ》川源流を横断するようにして、白神山地の主脈を越えた津軽地方の西目屋村に通じている。西目屋村で最後のマタギといわれた故鈴木忠勝は生前、その道を歩いて能代に遊びに行った話や、秋田県側の村びとも西目屋村に歩いてきたという話を私に語ったことがある。水沢川の源流地帯に鉱山があり、西目屋村からも人びとは働きに行っていたし、病気の夫を迎えに妻が鉱山まで出向いたという話も私はきいている。

その後、鉱山は閉鎖され、山中の道をたどるのは山菜・キノコ採り、狩猟、イワナ釣りなどが目的の村びとにかぎられるようになった。峰浜村の大久保岱《おおくぼたい》で農業を営む田村一さん（五十九歳）も、その道をたどって粕毛川源流に〝山の幸〟を求めて出入りしていた一人である。

田村さんによると、水沢川から粕毛川への乗り越し地点を地元では「コエト」と呼んでいる。漢字では越戸と書くのかもしれない。峠のことである。津軽地方では越口だとか越路などと呼ばれることが多い。

いずれにせよ、道は水沢川から分水界を越えて支流沿いに粕毛川に下るのだが、その支流を「コガカ」と呼ぶ。他方、コガカと合流する粕毛川の上流は「ムサ」と呼ばれる。粕毛川はさらにいくつもの支流を合わせてブナ林の谷を流れてゆく。

途中に「大滝」という滝があった。現在も地形図にその位置は記されている。が、実際にはない。爆破されて沢岸の斜面が崩壊し、埋没してしまったのだ。下流に素波里《すばり》ダムが完成する以前、大滝までサケ・マスが溯上していた。その溯河魚を捕獲しようとダイナマイトを仕掛けたのだが、使用量を間違えたのである。それで崩壊したのだった。

もしかしたら、使われたダイナマイトはダム工事と関係があったのかもしれない。

大滝の上流で左岸から下沢《くだり》が合流する。この下沢に西目屋村への道がつづいているのだ。そして下沢合流地点から上流域一帯が、峰浜村の人びとに先祖代々利用されていた地域でもある。

ところがその地域の保護を金科玉条として自然保護団体と行政が手を結び、立ち入り禁止区域にしたうえで一方的に人びとを締め出してしまったのである。現時点では秋田県側ほどではないにせよ、青森県側でも世界遺産登録地域の立ち入り禁止運動が、秋田県側の自然保護団体と同調する形で推進中である。それにしても地元住民を含めた人びとを締め出し、それが保護の正道だと言わんばかりに世間にのさばる自然保護論者の独善性にはへきえきする。それは差別である。

山村の人びとにとって、山菜・キノコを採ったりイワナを釣ったり、ときにはクマを射獲したりすることなどは生活の糧であると同時に、季節感をともなったおりおりの喜びでもある。喜びは生活であり、自然の恵みと一体化しているのであって、この点、分業化された都市型生活者の仕事や娯楽とは質的に異なっているのではあるまいか。山棲みにとって、立ち入り禁止はその喜びが奪われることであり、生活の崩壊にもつながる。

田村さんはこう語った。

水沢川沿いの集落。かやぶき屋根の民家では薪ストーブが焚かれている。

「まったく困ったもんだ。山が残されたのはいいが、それを特権階級のものにしてしまったんだべ。なんも逆らえないし非常に残念だ」

特権階級というのは、ここでは学術研究者を指す。彼らの論理では、それ以外の者の入山は、いずれ観光ガイドつきなどの条件が課せられるのかもしれないが、原則的には立ち入り禁止なのである。

私が峰浜村の友人と二人で田村さん宅へ行ったのは三月下旬だった。薪ストーブが燃え盛っていた。薪の材料は自分の持ち山から切り出したミズナラ、イタヤカエデ、ケヤキである。薪は二尺五寸（約七十六センチ）の長さに揃えて切る。その薪を幅五尺高さ五尺に積み上げて一張りと呼ぶ。ひと冬で六張りの薪が必要だという。春に切り出し、秋まで自然乾燥させてから割る。冬が過ぎて春が来ると、次の冬に備えて山へ薪を切り出しに行かねばならない。

昔は春になると、馬橇《ばそり》で水田に堆肥をばらまいたものだという。毎年そのころには、北へ渡ってゆくハクチョウやガンの大群がみられるのである。何千羽というおびただしい数の群れが啼きながら、頭上の空を覆い尽くして飛んでゆく。田村さんによると、峰浜村の上空で二方向に分かれて北を目指す。ひとつは岩木山方向で、ひとつは白神岳方向だ。二方向に分かれて白神山地を飛び越え、津軽地方の湖沼地帯で再び合流するのかもしれない。白神山地に雁森《がんもり》岳や菱喰《ひしくい》山などガンカモ科の鳥類にちなんだ山名があるのも渡り鳥のコースと無縁ではないだろう。

秋、薪割りに追われるころに飛来するという。能代市にある小友《おとも》沼が渡りの中継地になっている。春、ある日あるとき、季節の到来を告げるかのように率然と、そこから飛び立つのである。秋に飛来するのは午後から夕暮れ時にかけてだそうだが、春の出立は午前中だという。

昔から渡り鳥の旅立ちは天気がよくなる前兆だといわれている。その旅立ちの姿を見物しようと、私はたのしみにしていたのだった。ところが残念なことに、私が峰浜村へ行った日の二日前にほとんどが飛び立ったのだ。暖冬で雪の少ない年は旅立ちは早いが、ことしは平年並みだったとか。
田村さん宅を訪れた帰途、小友沼に立ち寄った。沼の水面ではマガモの群れが、まだ羽を休めていた。

（一九九三〜一九九四・財団法人森林文化協会「グリーンパワー」連載、一九九五年『白神山地　恵みの森へ』所収）

追記　青森・秋田の両県にまたがる白神山地の核心地域約一万六九〇〇ヘクタールが平成五（一九九三）年十二月九日、ユネスコの世界自然遺産地域に登録された。秋田県側の自然保護団体が全面立ち入り禁止を主張、行政も同調した。これにたいし青森県側は入山は自由だが、狩猟採集にかかわる行為を禁止、今日に至っている。行政による、こうした一方的な措置によって山棲み文化は完膚なきまでに破壊された。

あとがき

小学生のころ、母親の実家へ泊りがけで遊びに行くのが愉しみだった。板の間に大きな囲《い》炉《ろ》裏《り》の切られたかやぶき屋根の農家で、ごみごみした狭苦しい貧乏所帯のわが家にくらべると、広々とした屋敷内には果樹園があり、小祠が祀られ、母屋のちかくの家畜小屋では、ウマやニワトリ、ブタ、ウサギ、犬、ヤギが飼育されていた。セミやカブトムシを捕まえることもできた。何より嬉しいことに食べものがたくさんあったのだ。それに帰り際、「マッコ」と言って、小遣い銭がもらえるのも魅力になっていた。

戦後の疲弊した時代にあって、いつもひもじい思いをしていたのか、遊びに行くと気持までが豊かになった。にもかかわらず、そのひもじさゆえなのか、それともいたずら好きだったのか、探検気分で集落内を歩き回り、ときには平気で他所のリンゴや柿、トマトなどを失敬して食べていた。盗むことを津軽弁で「ガメル」という。

あるとき他所の庭先で、柿をとりに登った木の枝が折れて、私は小屋の屋根に落ちた。トタン屋根だったから、びっくりするほど耳障りな音が、静まり返った庭に鳴り響いた。何ごとかと驚いて飛び出して来た住人が、見慣れぬ子供に不審の念を抱いたのも理の当然である。

「見たことないワラシ（子供）だな。どこのワラシだ」

私は泣くしかすべがなかった。思いっきり泣きじゃくった。大騒ぎになり、しばらくして素性が知れたようでオド（伯父）が迎えに来た。オドは長男で、噂によると、大した頭の出来具合のいい人だったそうで、農作業はせずに、代筆をしたりなど村の世話役をしていた。霞み網で野鳥を捕まえてきては飼育し、さえずりを愉しんでいた。要するに趣味人である。

オドが迎えに来たとき、私はひゃっくりしながら泣きつづけていた。

「よし、よし、泣くな、泣くな。他所の柿をとらなくてもいい。家サいっぱいあるんだから」

たしかにオドが言うように、柿やリンゴや胡桃《くるみ》も梨もブドウもたくさんあった。ついでに言えば、他所のニワトリ小屋に忍び込んで卵を失敬してすすったこともあった。子供心に、「ガメル」ことのスリルを味わっていたのかもしれない。

母親の実家にはひとりでバスに乗って出かけていた。田園生活に魅せられ、ひとりでも行けると言い張ったのかもしれない。最初のころは母親が車掌に行き先を告げ、そこで下ろすよう頼んでいたのを思い出す。バスが市街地を抜けると、岩木山を右手に山里の田園風景がひらける。岩木川沿いに集落が点在し、白神山地の山並が遠くにつづいている。当時は白神山地という名称はなかった。

いちめんに白い花を咲かせるリンゴ畑は、秋には赤や黄の果実をたわわにつける。リンゴの交配、収穫、田植えや稲刈、農作業には赤飯をこしらえて出かけたものだった。私はその当時から釣りや山歩きに興じていた。カジカをヤスで突いたり、ハヤやヤマメ、イワナを釣ったり、アケビを採ったりなどしていた。それは愉しみとして現在にいたるまでつづいている。

その一方で、私たちの暮らしや環境はさま変わりした。とりわけ自然との関係が密な山里にあっては、歯止めのきかない人口流失がつづき、過疎・崩壊の危機的状況に追い込まれている。自然にかかわって生きることができればこそ知足按分に徹することもできる。土と水と太陽のエネルギーに守られた山里ではそれが可能である。しかし、時代はそれを許さない。


渓流釣りの好きな私は釣行の帰途、本書に登場した方々を懐かしく思い出し、訪問することがある。それが目的ではないから事前に連絡することもなく突然、顔を出し、旧交を温める。去年、吉川さんと板谷さんと比内さんを訪ねた。

吉川隆さんとは気心の知れた仲間であり、毎年何度か会っているので、会うこと自体には新鮮味もない。それでも先年、山でクマに襲われ、瀕死の重傷を負って救急ヘリで大学病院に運ばれて入院したのには驚いた。狩猟伝承の体現者としてクマに襲われ闘ったのははじめてではないにしても、不意に、背後から狙い撃ちされたように襲われたのは初体験だった。

入院中、見舞い方々顔を出すと、三年前に母グマを射獲したとき、樹上でそれを見ていた仔グマを敢えて撃たなかったのだが、たぶん、あの仔グマが母グマの仇討ちをするため襲いかかったのだろうと話していた。さすが狩猟伝承者だけあって吉川さんには、それが理解できるほどの経験に裏づけられた感性がそなわっているとみるべきだろう。吉川さんの顔面にはケロイド状の生々しい傷跡が消えることなく残っている。

板谷正勝さんとは数年ぶりで会った。JR五能線の十二湖駅の前に事務所を開設し、シーズンになると十二湖界隈を案内する観光ガイド業を営んでいる。近年溢れているにわか仕立てのガイドとは異なり、血肉化された知識は信頼に値する。白髭の仙人らしい風貌が人気だそうだ。

「やぁやぁ、どうもどうも、しばらくです」と話しかけると、マムシに噛まれたといって右手親指を見せた。曲がったまま伸びなくなっている。マムシを腰ナタで抑えてわき見した拍子にやられたという。帰りがけに、獲りたてのサザエや岩ガキを箱に詰めて、私に持たせた。磯の香がして、帰宅後、私は充実した気分で晩酌を味わった。

比内さん夫婦の場合は、ヤマメ釣りの帰途、集落の温泉に入浴したとき、さて比内さんの家はどのあたりだったのかと思い出せなくて村びとに尋ねて知ったのだ。なにしろ、本書の取材時から三十年ちかくがたっていた。比内さんは八十歳をとうに過ぎているのに黒々とした頭髪で顔色もつやつやしていた。木炭にふくまれる成分の効果だと思う。

私をひと目見るなり、やぁやぁ、どうすてらバ、と元気がいい。すっかり忘れられているに違いないと思っていたがそうではなかった。夫人の姿が見あたらないので、もしかしたら亡くなられたのかと思って聞くと、

「おいおい、こらこら、おいの嬶《かかあ》バ殺すなジャ」と笑いながら言った。村の婦人会で企画し

たカミサマ（祈禱師）めぐりの慰安旅行に出かけたのだという。

初夏のころだったが、別れ際に、水分をたっぷりふくんでいまが食べごろだからと言いながら、裏庭に生えているアキタブキを十本ほど切りとって私に持たせた。裏庭には炭焼き小屋があった。年も年だし、山へ行くのはたいへんだから、ここで焼いているのだと話す。

「また来いよ」「わかりました」「じゃ、な」「お元気で」

私たちは別れた。

比内さん夫婦は炭焼きで暮してきたが後継者はいない。板谷さんにしても然り、吉川さんは温泉を経営しているので糊口をしのぐことはできたとしても狩猟伝承者として次代を担う者がいない。自然の息吹の、温もりある有機的なつながりの世界は現代の潮流にはもはや適合しないのだろう。時代は逆戻りしない。

そうした時代の流れのなかで、一九八九年から九八年にかけての九年間、山里に暮す人びとを訪ね歩いた文章が本書には収録されている。あれから二十年ないし三十年をへた現在、鬼籍に入られた方も少なくない。故人の冥福を祈り、同時に、人びとの尊厳が自然とともに保障される時代が来ることを願わずにはいられない。


雪ふかく廃屋つぶれし過疎のむら人はいづくへ今日も雪ふる

二〇一九年二月十九日　　根深　誠

山棲みの記憶

二〇一九年四月三十日　初版第一刷発行

著　者　根深　誠
発行人　川崎深雪
発行所　株式会社　山と溪谷社
郵便番号　一〇一―〇〇五一
東京都千代田区神田神保町一丁目一〇五番地
http://www.yamakei.co.jp/

■乱丁・落丁のお問合せ先
山と溪谷社自動応答サービス　電話〇三―六八三七―五〇一八
受付時間／十時～十二時、十三時～十七時三十分（土日、祝日を除く）
■内容に関するお問合せ先
山と溪谷社　電話〇三―六七四四―一九〇〇（代表）
■書店・取次様からのお問合せ先
山と溪谷社受注センター　電話〇三―六七四四―一九一九
ファクス〇三―六七四四―一九二七

フォーマット・デザイン　岡本一宣デザイン事務所
印刷・製本　株式会社暁印刷

定価はカバーに表示してあります

Printed in Japan ISBN978-4-635-04867-5

ヤマケイ文庫の山の本